AF343327

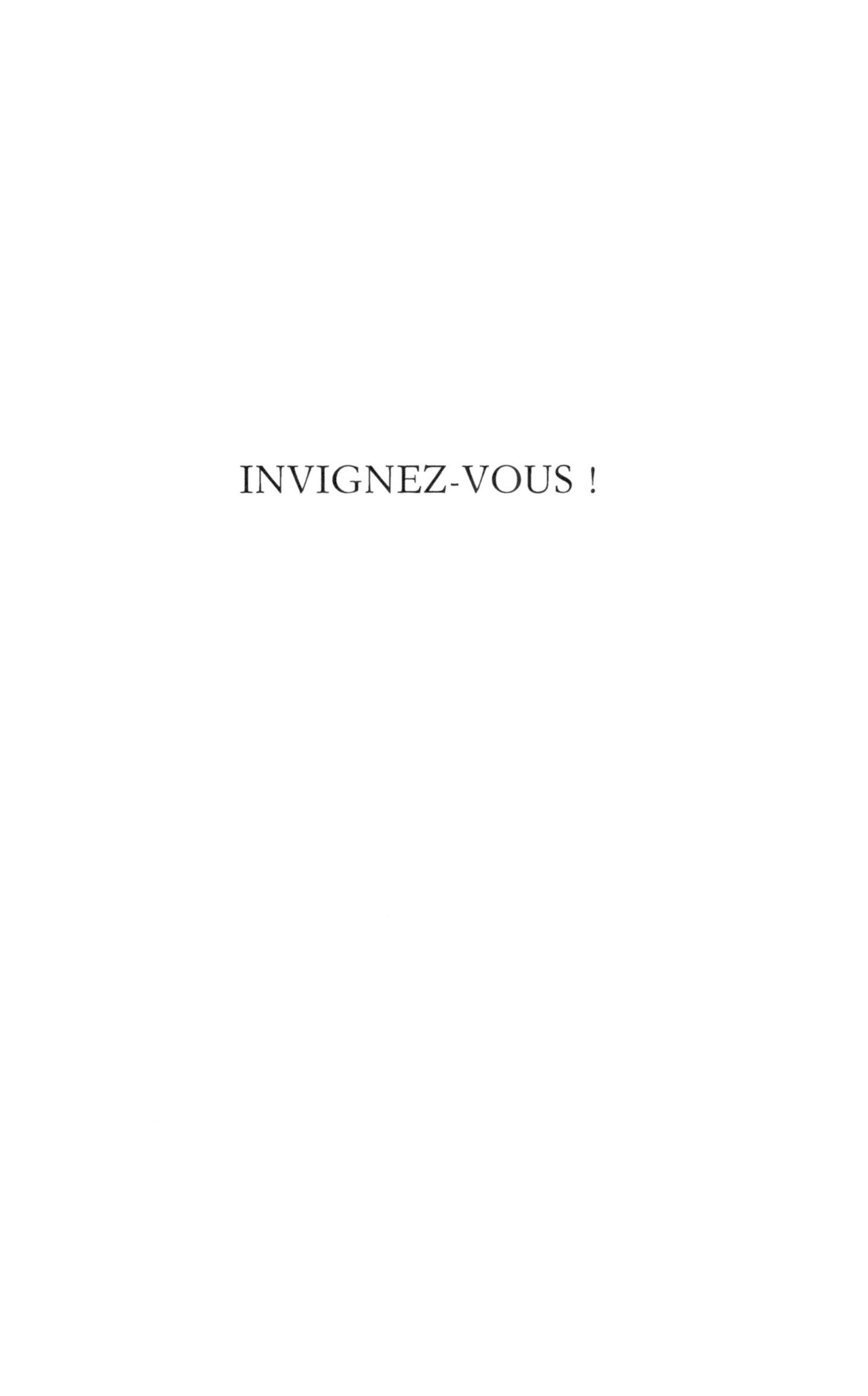

INVIGNEZ-VOUS !

DU MÊME AUTEUR

CHOSES BUES, Grasset, 2008.
LE GUIDE DES VINS DE BORDEAUX, Grasset, 2011.

JACQUES DUPONT

INVIGNEZ-VOUS !

essai

BERNARD GRASSET

PARIS

« L'usage du vin, outre le verbe prolixe et la prière fervente, est de toutes les actions humaines ce qui le distingue des autres créatures terrestres, volant dans le ciel, courant ou rampant sur la terre, auxquelles Dieu n'insuffla pas âme humaine… »

Rabelais, *Traité de bon usage du vin*.

Chapitre 1

De l'aberrant au ridicule…

« Si vous mesurez un mètre de haut et pesez dix kilos de trop, et que vous mordez les mollets des gens au passage, peu importe la durée de votre existence, vous ne serez jamais président. »

BENCHLEY, *Le Supplice des week-ends.*

La plus ahurissante des spécialités françaises pourrait s'intituler la balle dans le pied, l'auto-flagellation, le bâton dans les roues, la chaîne et le boulet… Au choix.

Il s'agit de cette intense capacité à flinguer sans sommation tout ce qui serait susceptible de figurer un semblant de fierté hexagonale, un zéphyr d'optimisme, une esquisse de réussite.

Ici, un jeune qui veut être boucher, c'est un idiot qui ne fiche rien à l'école ou un tueur sanguinaire en devenir. Un type qui crée son entreprise finira ruiné, sous les ponts, et ses pauvres parents devront vendre la maison qui les a vus naître. Un paysan n'est rien d'autre qu'un pollueur de nappes phréatiques, les politiques ne pensent qu'à s'en mettre plein les poches (pour 82 % des Français, sondage

IPSOS janvier 2013), les profs des feignants, les TGV toujours en retard, les chanteurs drogués et sans voix, la bouffe congelée, les sportifs trop fêtards, le cinéma gnangnan, nos voitures tellement moins solides que les allemandes…

Cette capacité très française à vilipender, voire détruire tout ce qui ne fonctionne pas trop mal dans notre pays, s'étend à de nombreux secteurs, du textile à la sidérurgie.

Mais, c'est au rayon vert – agriculture, élevage, agroalimentaire, gastronomie – qu'on domine le sujet avec le plus d'efficacité.

Où trouve-t-on les pires détracteurs du foie gras ? Au pays qui l'a inventé.

Où doctent les plus ardents promoteurs de la cuisine dite moléculaire, celle qui se propose de remplacer les vrais œufs de ferme par l'agar-agar, la lécithine ou la gomme xanthane ? Mais en France bien sûr, où pourtant les grands chefs ne cessent de nous expliquer que ce qui compte, *in fine*, c'est la qualité des produits dont notre terroir abonde !

Où laisse-t-on les géants de la biotechnologie imposer la pasteurisation dans l'élaboration des fromages d'AOC ? Chez de Gaulle et successeurs.

Le pire du pire fut atteint avec la loi Evin, adoptée en 1991 et toujours en vigueur, qui fait du vin une sorte de drogue licite.

En 1934, le président de la République Paul Deschanel, à l'invitation du négociant et propriétaire Désiré Cordier, se rend à Saint-Julien au centre du Médoc viticole et de ses crus classés pour fêter autour d'un banquet « le village de France qui compte le plus de centenaires ».

En 2013, le président se cache pour en boire ; le vin n'a plus sa place dans la Cité et nous sommes entrés dans une phase prohibitionniste à peine voilée.

Les Américains s'ébahissent de notre longévité, de ces centenaires qui ne crachent pas sur le canon, du faible taux de maladies cardiovasculaires dans les régions où le confit de canard se décline au madiran. Chez eux, l'admiration pour le mode d'alimentation méditerranéen se traduit par une hausse sans discontinuer depuis dix ans de l'achat et de la consommation de vin rouge.

Il s'agit d'ailleurs d'une tendance mondiale. La Chine s'éveille, depuis quelques années déjà, au son du bouchon. Elle est devenue le premier client de Bordeaux quand elle ne se sert pas sur place en rachetant des châteaux. Son propre vignoble dépasse désormais en volume celui des Etats-Unis. Même au pays de la vodka, le vin gagne du terrain. Le président Medvedev, quand il assurait l'intérim Poutine, en aout 2011 s'était déclaré chaud partisan du pied de vigne : « C'est un secteur important qui va contribuer à éradiquer l'alcoolisme. Les pays où la viticulture est développée n'ont pas ces problèmes. »

Le Brésil, malgré ses taxes ahurissantes, est un des pays les plus ciblés par nos exportations de champagnes mais aussi de vins dits tranquilles, sans bulles. Depuis dix ans, on y dénombre 40 millions de nouveaux consommateurs et la France y dispose d'une image haut de gamme. En deux ans, de 2009 à 2011, nos exportations de vins de qualité ont progressé de 51 % en valeur et 46 % en volume et ce mouvement s'est perpétué en 2012.

Grâce à cela, le vin de France représente aujourd'hui la seconde rentrée de devises, juste derrière l'aéronautique et devant l'ensemble du secteur agroalimentaire. Le bilan pour l'année 2012 des vins et spiritueux (surtout le Cognac) s'établit à plus de 11 milliards d'euros, 10 % de plus qu'en 2011. Cela représenterait l'équivalent d'une bonne centaine de Rafale, si toutefois nous parvenions à vendre cet avion ailleurs qu'en France !

Et nous, pauvres de nous, que faisons-nous ?

On maudit, on condamne, on montre du doigt, on interdit.

Le vin de France, un domaine qui faisait l'unanimité, dont personne ne contestait la supériorité sur tous les autres dans tous les pays, fait figure de proscrit chez lui.

Je ne force pas le trait.

Aujourd'hui, ce n'est pas de la fiction, nul, sous peine d'amende lourde payée par le diffuseur, ne peut évoquer le vin à la télévision autrement que sous un aspect général, patrimonial, collectif, désincarné, anonyme, inutile. Cela rappellera aux plus anciens ces magnifiques publicités en noir et blanc qui fleurissaient à l'époque de la RTF (Radio Télévision Française) sur les produits laitiers ou les légumineuses : « On a toujours besoin de petits pois chez soi ! »

C'était au temps de Pompidou, lequel, défenseur des vins de Cahors, s'était un jour écrié : « Arrêtez d'emmerder les Français : il y a trop de lois, trop de règlements dans ce pays. On en crève ! Laissez-les vivre un peu et vous verrez que tout ira mieux... »

Au pays des grands crus, montrer Drouhin labourant au cheval ses vignes de Bourgogne, suivre le travail d'un château toute une année comme ce fut tenté à Lynch Bages, faire le portrait des nouveaux vignerons du Languedoc nécessite un super équipement du côté juridique. Surtout si dans la continuité naturelle du reportage, la caméra nous montre un de ces personnages portant un verre à sa bouche.

La loi Evin « permet » de considérer qu'il s'agit là d'une publicité pour un produit dangereux et la chaîne qui ose diffuser un tel brûlot risque une très forte amende. La publicité pour les alcools (dont le vin, considéré uniquement du point de vue de l'alcool qu'il contient) est en effet strictement interdite à la télévision, mais tolérée à la radio et dans la presse écrite, sous condition sévère. « Avant la loi Evin, notre pays des droits de l'homme admettait tout naturellement que *ce qui n'est pas défendu par la loi ne peut être empêché*. Depuis la loi Evin, en attendant peut-être que tout ce qui n'est pas interdit devienne obligatoire, *l'exercice de la liberté est limité à ne pouvoir faire que ce qui est autorisé*. La publicité ne peut passer que par un support autorisé et elle doit être accompagnée d'un avertissement sur les dangers que présente le produit », commente le professeur de droit Eric Agostini, spécialiste de la défense des marques.

En vérité, argumentent les partisans de cette loi, ce qui est interdit c'est d'abord la publicité, puis l'incitation ou plus clairement montrer que boire peut procurer du plaisir. C'est justement là, dans cette assertion, que se situe le problème.

Boire et notamment du vin doit procurer du plaisir. Sinon, si l'on consomme sans joie, sans que nos papilles nous transmettent une onde passagère de bonheur, c'est que précisément, on a un petit souci avec l'alcool et avec la vie.

Donc, en France, pays où le vin fait plus que partie du patrimoine, si l'on veut en parler, il faut éviter de dire qu'il donne de la joie, qu'il permet d'échanger, qu'il constitue, pour parler comme les sociologues, un formidable lien social. Imaginez le casse-tête pour les agences de pub, les responsables de communication, qui ont en charge une appellation, un vignoble, les responsables de chaînes ou de stations de radio à qui l'on vient proposer une émission ou un reportage sur le vin...

« Ok, mais attention, il ne faut pas que l'on voie quelqu'un boire du vin et soupirer de plaisir ! »

Comme tout cela est confié à l'appréciation des juges et de la justice, il convient donc de parfaitement mesurer jusqu'à quel point le héros d'un spot ou d'une affiche sourit ou fait la gueule !

J'exagère ? Voyez les procès perdus par différentes interprofessions viticoles, notamment celle de Bordeaux, sous prétexte que les personnages de leurs projets d'affiches apparaissaient jeunes, beaux, souriants, confiants en l'avenir... un verre à la main. Même un « Buvez-moins mais buvez-mieux ! » d'une audace relative fut sanctionné parce qu'il contenait le mot « buvez » qui, décliné à l'impératif, constituait un épouvantable appel à l'ivrognerie…

Récemment, une agence de publicité chargée d'évoquer l'accord d'un mets et d'un cognac s'est vue imposer le remplacement des mots « expérience gourmande » par « rencontre gustative ». Au regard de la loi Evin, le mot « expérience » ne convenait pas car il pouvait induire que consommer de l'alcool procurait des sensations inconnues.

De nos jours, Apollinaire peinerait à publier *Alcools* et Baudelaire, déjà victime censurée en son temps par le procureur Ernest Pinard pour ses *Fleurs du mal*, serait privé de petit écran… La diffusion de photographies représentant des célébrités verre en main à l'occasion d'un événement peut être considérée comme une « opération de parrainage d'une marque d'alcool » : la fête et la convivialité sont des thèmes à proscrire au regard de la loi Evin.

La simple dégustation commentée d'un grand cru sur petit écran figure également sur la liste noire.

J'en rajoute ? Jérôme Baudouin de la *Revue du vin de France* avait posé la question à l'une des membres du CSA (Conseil supérieur de l'Audiovisuel) :

« On ne pourra donc jamais commenter une dégustation à l'antenne ?

– Il y a des règles à respecter. On ne peut pas boire d'alcool à la télévision. C'est comme si un présentateur fumait à l'antenne. Aujourd'hui ce n'est plus possible. »

Avant et après, il peut fumer et boire, voire même avoir recours à certains stimulants prohibés. A l'antenne, jamais !

D'autant plus drôle, ridicule ou scandaleux que l'auteure de cette tartuffienne réplique est connue pour posséder un lever de coude à ce point efficace qu'elle n'hésitait pas à sécher les réunions du CSA quand une invitation à une fête dorée des grands crus de Bordeaux l'obligeait à choisir entre devoir et plaisir…

Nous ne sommes pas dans le roman d'anticipation mais bien au pays du vin, ou plutôt pays des crus, car si l'Espagne et l'Italie peuvent rivaliser en volume, c'est notre pays qui possède les crus plus prestigieux et qui d'une certaine façon en a inventé la définition et le mode de reconnaissance (classement de 1855, aplleation d'origine contrôlée etc).

Il fut même un moment envisagé, dans le cadre de la loi Evin, d'interdire les « routes du vin » car pour certains zélateurs de cette forme d'hygiénisme, il était hautement préjudiciable à la santé publique d'associer le mot vin à celui de route...

Vigneron bio de Gergovie, en appellation côtes d'Auvergne, Gilles Persilier a reçu un matin la visite de la brigade de gendarmerie. En contrebas de sa maison, pour signaler le domaine, un de ses prédécesseurs, sans doute son père, avait installé en guise d'enseigne une grande bouteille en bois colorée de vert et de rouge. Une telle « publicité » qualifiée d'incitative contrevenait à la loi Evin selon les gendarmes, et il lui fallait la démonter. On est à Gergovie, là où les Gaulois ont appris à repousser les assauts des légionnaires romains. Je ne me souviens plus de la réponse que fit Gilles Persilier, mais la bouteille demeura.

La presse écrite n'est pas non plus à l'abri des foudres de la justice. En 2007, *Le Parisien* qui avait osé titrer à la veille des fêtes de fin d'année « Le triomphe du champagne » s'est vu infliger une amende de plusieurs milliers d'euros car l'article, apprécié comme une apologie d'une « boisson alcoolique » et à ce titre déclaré publicitaire, ne comportait pas les mentions obligatoires « dangereux pour la santé, à consommer avec modération ». Comme si les lecteurs du *Parisien* allaient derechef, dès la lecture de cet article, écluser des hectolitres de champagne !

Le Code de la santé publique révisé loi Evin prévoit également que l'utilisation d'une « marque, d'un emblème publicitaire ou de tout autre signe distinctif qui (...) rappelle une boisson alcoolique » peut être considéré comme une publicité pour cette boisson. Ainsi, un certain nombre de villes en France devraient être sanctionnées à moins qu'elles décident de changer de nom. C'est le cas notamment pour Beaune, Bordeaux, Nîmes (et ses costières-de-nîmes), la plupart des villages vignerons de Bourgogne (Gevrey-Chambertin, Meursault, etc.), du Médoc (Margaux, Saint-Estèphe, etc.), Cahors, Saint-Emilion et tant d'autres...

Le ridicule n'a jamais vraiment tué personne sinon ceux qui le dénoncent, à l'usure !

Cette barrière absurde, la loi Evin, « loi simpliste et d'un autre âge » comme la qualifie l'ancien président de la Sorbonne, le géographe et historien Jean-Robert Pitte[1], figure le comble de ce que nous sommes capables de produire pour nous punir, nous entraver. Même si beaucoup en conviennent (« Si c'était à refaire, je ne revoterais pas la loi Evin », François Patriat, président du conseil régional de Bourgogne, ancien ministre), personne dans le monde politique n'ose prendre l'initiative de la mettre au rancart ou de la réformer.

Ah, bien sûr avant les élections, certains s'engagent. Nicolas Sarkozy en 2007, lors d'une visite à Sancerre, fit serment devant un parterre d'électeurs vignerons que la loi serait remaniée afin de faire le distinguo entre alcool et vin. Mais nul n'ignore en France ce qu'il faut penser des engagements préélectoraux… L'Espagne, en 2003 a adopté la « Ley de la viña y del vino », loi affirmant que le vin est un élément de la culture espagnole, ce qui en autorise les campagnes de promotion.

---

1. Jean-Robert Pitte, *Le Désir du vin à la conquête du monde*, Fayard, 2009.

Voilà donc la France encore dans l'exception avec la loi la plus contraignante (il faudrait ajouter : et la plus inefficace dans le but qu'elle s'était fixée) des pays occidentaux. La Belgique, l'Angleterre, le Canada ou les Etats-Unis qui furent pourtant les tenants de la prohibition, se montrent bien plus tolérants. En 2008, j'avais entamé le spécial vins du *Point* en racontant l'anecdote d'orlandowines. com…

C'est l'intitulé du site Internet d'un des vins produits par Pernod Ricard sur plusieurs milliers d'hectares en Australie. Sur la page d'accueil, on demande la date de naissance du visiteur et son pays d'origine. C'est facile, il suffit de faire défiler les pays par ordre alphabétique.

Quand on cliquait sur France, un message apparaissait en anglais : « Sorry. By law of your country you are not permitted to view the content of this site. » En français : « Désolé, la loi de votre pays interdit l'accès à ce site. » Je m'étais amusé à faire défiler les pays… D'Angola au Venezuela en passant par Turquie, partout, quel que soit le pays choisi, je parvenais à entrer sur le site ! Même en cliquant sur Emirats arabes unis ou Koweit... Avec Corée du Nord, ça marchait aussi !

Seuls quatre autres pays en plus de la France subissaient la même interdiction : l'Irak, l'Iran, l'Afghanistan et la Jordanie. Un grand débat agitait alors le monde parlementaire : fallait-il ou non interdire la pub pour le vin sur Internet ? Question primordiale qui mettait en cause l'avenir de la jeunesse, car bien évidemment il ne viendrait pas à l'idée de nos jeunes, après qu'on leur ait interdit l'accès à un site en tapant « France », de cliquer sur « Belgique » pour y pénétrer...

Je pensais que depuis 2008, et ce vieux débat débile, les choses avaient changé... Eh bien non ! Je suis retourné en écrivant ces pages sur le site d'orlandowines et en cliquant sur France, le même message apparaît. Erreur du gestionnaire de site ? Ou davantage, conséquence de l'image véhiculée par notre pays à l'international ?

Chapitre 2

Quand tout a commencé !

« Je marche dans la nuit par un chemin mauvais, ignorant d'où je viens, incertain où je vais. »

LAMARTINE

« Le commencement est la moitié de tout. »

PYTHAGORE

En 1872, s'est créée en France l'Association nationale contre l'abus des boissons alcooliques. Elle changera de nom à diverses reprises, Société française de tempérance, Ligue nationale contre l'alcoolisme…, pour devenir l'ANPAA, Association nationale de prévention en alcoologie et addictologie, ce rajout afin de s'ouvrir aux nouvelles formes de dépendances. Depuis le milieu des années 1980, son action a évolué. L'association est devenue « partenaire » du ministère de la Santé où son influence a fortement grandi : « Il en résulte un développement important du réseau de l'association, notamment par la gestion de plus de 50 % des Centres d'alcoologie, devenus depuis des Centres de soins, d'accompagnement et de prévention en addictologie », peut-on lire sur son site. Dotée d'un important budget pour l'essentiel provenant de subventions publiques (72 millions d'euros en 2011), fédérant un nombre important de médecins et spécialistes de l'alcoologie, l'ANPAA a dépassé son simple rôle d'association d'information et de prévention.

Ce sont ses membres qui ont inspiré, rédigé et imposé la loi Evin, votée en 1991 et effective en 1993. Qu'elle s'appelle Ligue ou Société, cette « association » n'a jamais varié d'objectif : l'abstinence totale. L'échec cuisant de la prohibition aux Etats-Unis, qui n'ont jamais connu autant de problème d'alcoolisme et de santé liés à l'absorption de mauvais alcools (sans parler du banditisme) que pendant cette période, a banni ce mot de prohibition du langage officiel. L'ANPAA et ses représentants habillent davantage le discours.

Mais revenons au début. L'histoire, les origines éclairent l'évolution des idées et la persistance des préjugés. En l'occurrence, les racines de ce mouvement se révèlent significatives quant à son dogmatisme, du moins celui de ses porte-parole les plus médiatisés (tout le monde au sein de l'ANPAA ne pense pas comme eux, loin s'en faut).

L'ANPAA, nous l'avons dit, fait remonter ses origines à 1872.

C'est récent.

Si l'on compare avec d'autres pays, la France accouche bien tardivement d'une association nationale de lutte contre l'alcoolisme. De tels mouvements existent depuis le début du XIXe siècle aux Etats-Unis ou en Angleterre. Nés sous la rigide impulsion des églises protestantes, notamment des puritains anglo-saxons, les ligues militent dans ces pays en faveur de l'interdiction pure et simple de l'alcool. C'est également vrai dans une partie des pays de l'Europe du Nord. Si l'on en dressait la carte, celle-ci épouserait effectivement les zones d'influence de ces églises mais aussi dessinerait les frontières entre un monde viticole et un monde qui picole d'autres boissons que le vin. Entre celui qui fermente et celui qui distille. Ce dernier remplissant les alambics avec tout ce qui lui tombe sous la main : grains, pomme de terre, surplus divers…

Les Etats-Unis récupèrent ainsi toute la culture, vaste, de la vieille Europe en matière d'alcools épouvantables et frelatés. L'alcoolisme y est un véritable fléau : on y boit trop et n'importe quoi.

Ce n'est guère mieux dans les pays nord-européens. En 1907, les docteurs Landouzy et Malachowski, membres de la Société des Médecins amis des vins de France créée en réaction à « une interprétation mauvaise de l'antialcoolisme », qui prônait (déjà) « l'abstinence totale », interviennent au Congrès anti-alcoolique de Stockholm. La lecture de leur rapport provoqua colère et cris « des apôtres de l'abstention ». Mais le soir même, raconte le docteur Malachowski, « dans les rues de cette ville qui voulait ignorer le vin – des ivrognes à chaque pas –, jamais dans ma vie errante, il ne m'avait été donné de me heurter à tant de gens soûls. Une véritable ronde de Breughel virante et titubante – hallucinante. »

L'historien des mœurs, Didier Nourrisson[1], explique cette opposition entre nord et sud par l'influence des églises mais aussi par la quantité (et la qualité) des alcools consommés :

------

1. Didier Nourrisson, « Aux origines de l'antialcoolisme », in *Histoire, économie et société*, 1988, 7ᵉ année, n° 4. Toxicomanies : alcool, tabac, drogue, pp. 491-506.

« L'avance des pays du Nord et de l'Ouest dans la lutte contre l'alcoolisme vient sans doute du fait que la consommation d'alcool y est beaucoup plus importante : whisky britannique, gin hollandais, schnaps allemand, rhum américain, aquavit suédois, coulent parfois sans mesure. » En Suède, l'arrivée de la pomme de terre s'est traduite par la multiplication des alambics plus que des presse-purée : « On comptera 173 000 petites distilleries agricoles en 1830. »

C'est d'ailleurs un chercheur suédois, Magnus Huss, vers 1850, qui invente les termes « alcoolisme », « alcoolique » (celui qui est dépendant), et établit la différence avec l'« ivrogne » (celui qui se soûle fréquemment).

Aux alentours de 1850, ajoute Nourrisson, la consommation annuelle d'alcool pur en Suède serait de 23,41 litres par habitant contre 1,47 litre en France.

En ce milieu du XIXe siècle, la France, le plus important pays producteur de vin, est donc loin de ressembler à une arrière-salle d'hôpital où s'entasseraient les futurs cadavres des victimes du delirium. Même si les ivrognes y existent, ils ne dominent pas la rue dans une ronde « titubante » et « hallucinante ».

Malgré ces différences de chiffres, de culture et de pratiques, les premières ligues antialcooliques commencent à se manifester. Elles rayonnent localement, régionalement et proviennent toutes d'un même milieu : les notables. Didier Nourrisson relève que les cotisations de chaque membre sont suffisamment élevées pour en écarter le menu peuple. Et toutes mettent en garde la société contre le risque d'alcoolisation des pauvres.

Ce sont eux, travailleurs des fabriques, des mines, des manufactures, prolétaires exploités, pas encore protégés par des lois sociales, qui risquent de sombrer avec toutes les conséquences dramatiques que l'on commence à imaginer. L'ouvrier alcoolique devient fainéant, boit sa paye, bat sa femme (ce qui n'arrive jamais dans les beaux quartiers !), engendre des enfants débiles qui ne feront pas de bons soldats et… descend dans la rue.

« Arrivée à ce degré, non seulement l'ivrognerie s'oppose à l'épargne, à la bonne éducation des enfants, au bonheur de la famille ; mais encore elle ruine celle-ci, elle la plonge et la retient dans une profonde indigence ; elle rend l'ouvrier paresseux, joueur, querelleur, turbulent ; elle le dégrade, l'abrutit, délabre sa santé, abrège souvent sa vie, détruit les mœurs, trouble, scandalise la société, et pousse au crime. On peut l'affirmer, l'ivrognerie est la cause principale des rixes, d'une foule de délits, de presque tous les désordres que les ouvriers commettent, ou auxquels ils prennent part[1] », écrit Villermé au milieu des années 1830.

Dans cette première moitié de XIXe siècle, fortement agitée, le pavé et la poudre ont parlé en 1830 et 1848. On a en mémoire aussi la grande Révolution, celle de 1789, qui ne débuta pas seulement par une révolte des sans-pain. Les « excités » qui s'emparèrent de la Bastille criaient aussi leur désir de vin, rendu rare et cher à la suite d'une série de récoltes calamiteuses.

Villermé a enquêté. Il a visité, aux quatre coins industriels de l'hexagone, de Lille à

---

1. Louis René Villermé, *Etat physique et moral des ouvriers dans les manufactures de coton, de laine et de soie*, Collection 10/18.

Tarare, ces manufactures où les enfants travaillent dur, où les hommes et les femmes sont traités comme des chiens. Son texte est émouvant quand il décrit la grande misère ouvrière.

Villermé vient de l'autre camp, c'est un grand bourgeois catholique, membre de l'Académie des sciences morales et politiques que l'ambigu Guizot a relancée en 1832. Il peut déplorer, prendre en pitié, voire critiquer au nom de sa morale ces « maîtres » égoïstes : « A-t-il bien le droit de se plaindre de l'ingratitude, de la haine même de ses ouvriers, celui qui ne s'informe jamais de leur position, de leur santé, de celle de leurs femmes et de leurs enfants ? »

De là à écrire qu'il faut bannir le travail des enfants, soutenir les syndicats naissants, réduire le temps de travail qui n'a pas grand-chose à voir avec nos 35 heures d'aujourd'hui, recommander un grand saut social, Villermé ne le peut pas. Alors, il dénonce les conséquences plus que les causes. Et la première de celles-ci, la plus voyante ou troublante en termes d'ordre public : l'ivrognerie et l'alcoolisme.

Ce thème de l'ouvrier buveur qui met à mal son foyer, ne se limite pas à son époque. On le retrouve bien plus tard dans les arguments qui justifient la prohibition aux Etats-Unis :

« Toutes les causes de paresse, de démoralisation et de débauche, d'excitations malsaines, de dissentiments familiaux, de misère et de ruine, que le débit de boissons fait naître et entretient dans les masses populaires, ont donc disparu en Amérique », écrit en 1925 un éminent professeur à la faculté de droit de Lyon, militant français de l'antialcoolisme qui va jusqu'à nous affirmer que la criminalité a fortement baissé notamment dans la ville de Chicago…

Des textes comme celui-ci, on en trouve à foison dans la littérature bien pensante depuis le XIXe jusqu'à aujourd'hui, sous une forme moins caricaturale mais guère plus progressiste.

C'est en 1871, juste après la défaite, la Commune et la répression sanglante qui l'a suivie, que sont votées les premières lois condamnant l'ivresse publique. Elles sont adoptées, nous rappelle l'historien Gilbert

Garrier[1], à l'unanimité moins deux voix, « deux opposants, deux médecins, le républicain Testelin et le radical Naquet qui souhaitaient combattre au préalable l'ignorance et la misère ». Ce ne sera pas le cas d'Evin le ministre (aujourd'hui directeur de l'agence régionale de santé d'Île-de-France, nouvelle création). Le vote des ces lois en 1871 n'est pas un hasard, ni la création un an plus tard de l'ancêtre de l'ANPAA, une coïncidence.

Deux évènements majeurs ont joué un rôle déterminant.

D'abord, la consommation des alcools forts, des eaux-de-vie et des produits dérivés a presque doublé entre 1840 et 1870 en France. Les procédés de distillation se sont sensiblement améliorés et les débits de boissons se sont multipliés surtout dans les centres industriels du Nord et de l'Est. Ces alcools se sont substitués au vin qui vient à manquer. La vigne subit les plus redoutables attaques (maladies, insectes) qu'elle ait jamais connu : mildiou, oïdium et surtout phylloxera qui débute sa

---

1. Gilbert Garrier, *Histoire sociale et culturelle du vin*, Larousse, 2005.

croisade mortelle depuis le Midi. Les alcools de distillation de toutes sortes peu à peu prennent sa place sur les comptoirs. « Autrefois, on ne connaissait guère que les boissons fermentées, et celles-ci, grâce à leur prix relativement élevé, et à leur faible degré d'alcoolisation, mettaient l'ivresse ancienne à la portée des classes riches ou aisées seulement. Aujourd'hui, l'alcool se retire à bas prix et en grande quantité des grains, des fécules, de la betterave, etc. Il est rendu encore plus dangereux par les ingrédients malsains qu'on y ajoute », écrit le médecin aliéniste Foville fils[1] en 1872…

Surtout, la France vient de perdre piteusement une guerre. La magnifique armée de Napoléon III, réputée invincible, a été défaite. La moitié ou presque du territoire national a connu l'occupation et deux provinces sont devenues allemandes. Le Paris populaire, à portée des canons ennemis, s'est soulevé, menaçant l'ordre établi, et la violente répression qui a suivi n'a pas rassuré les élites.

---

1. *Moyens pratiques de combattre l'ivrognerie proposés ou appliqués en France, en Angleterre et en Amérique* par M. le Dr Ach. Foville fils : http://gallica.bnf.fr/ark:/12148/bpt6k76673q

La peur sociale doublée de la volonté de désigner un bouc émissaire à la débâcle militaire trouvent dans l'alcool le coupable idéal. Les hommes ressemblent aux animaux malades de la peste, il leur faut un responsable, une cause simple de préférence :

« Je crois que le Ciel a permis
Pour nos péchés cette infortune ;
Que le plus coupable de nous
Se sacrifie aux traits du céleste courroux ;
Peut-être il obtiendra la guérison commune.
L'histoire nous apprend qu'en de tels accidents
On fait de pareils dévouements[1]… »

L'alcool, « ce vice dangereux qui, après avoir sali l'uniforme et désorganisé l'armée, transporte dans la population civile des germes de paupérisme, de dépérissement et de mort », dit encore le docteur Jeannel, un collègue de Foville, rédacteur d'un projet de règlement intérieur pour les armées ! Déjà les médecins se substituent aux politiques !

---

1. Jean de La Fontaine, extrait de la fable *Les Animaux malades de la peste.*

C'est donc dans ce contexte, un an après la Commune de Paris, dans la peur de la « populace », parce que celle-ci sous l'uniforme n'a guère brillé face aux armées prussiennes, que voit le jour en mars 1872 une « Association Française contre l'abus des boissons alcooliques », qui par l'article 13 de son règlement intérieur s'interdit toute critique contre le gouvernement et les cultes.

Pas question non plus, mais cela va sans dire, de mettre en cause l'état-major…

L'historien Didier Nourrisson a étudié de près la composition des membres fondateurs. « Sur les 81 personnalités politiques recensées, 7 sont d'anciens ministres ou des ministres en exercice : ainsi Jules Dufaure, garde des Sceaux, qui a présenté devant l'Assemblée nationale le 14 mars 1872 le projet de loi contre l'Internationale des Travailleurs. Les 47 parlementaires inscrits représentent ce conglomérat royaliste et conservateur qui veut purger la France de ses démons révolutionnaires ; citons notamment : Mgr Dupanloup, Odilon Barrot, Albert de Mun, et l'étoile montante, Albert de Broglie. » Lequel sera l'année suivante chef du gouvernement dit de « l'Ordre moral » qui inspirera Pétain 67 ans plus tard.

Monseigneur Dupanloup fut connu pour son ouvrage *De l'Education* dont les bonnes âmes ont retenu une relative condamnation des châtiments corporels en oubliant que le bon Père proposait en remplacement l'isolement total pour le jeune élève récalcitrant. Dupanloup demeure également célèbre pour une phrase « malheureuse » à l'égard du ministre Victor Duruy qui souhaitait ouvrir l'enseignement secondaire aux jeunes filles. Monseigneur l'avait accusé de vouloir les faire passer « des genoux de l'Eglise dans les bras de l'Université »...

Que proposent-ils, ces bonnes gens ? Répression, amendes, et surtout augmentation des taxes sur l'alcool… Le même discours que celui de l'ANPAA aujourd'hui :

« Alourdir le poids de la fiscalité sur les boissons alcooliques est une politique que l'ANPAA appelle de ses vœux au nom de la santé publique. L'augmentation de leur prix freine leur consommation. »

Depuis plus d'un siècle, on sait que c'est faux : la Cour des comptes, à propos du tabac, l'a rappelé une nouvelle fois en décembre 2012, constatant depuis un an, malgré les hausses de prix, « une sensible remontée du tabagisme… » Les militants antialcool des débuts n'osaient pas, dans une France encore très rurale, s'attaquer au vin ou au cidre. A contrario, on voit mal ceux d'aujourd'hui affirmer que « l'alcool fait perdre à la France un corps d'armée chaque année », comme le proclamait une brochure anonyme.

Ces patriotes de tribune préparaient « la Revanche » et craignaient une baisse de la natalité qui aurait d'autant réduit la quantité de chair à canon.

On les entendra beaucoup moins tempêter quand dans les tranchées « le soldat pinard », selon la formule de Pétain, et l'eau-de-vie serviront à doper les hommes, à les faire sortir des tranchées pour s'offrir à la mitraille allemande… Voilà pourquoi je déteste ce mot… pinard !

Dès ses premières manifestations publiques, le mouvement hygiéniste et antialcoolique, de par ses origines sociales et politiques, dénonce donc les conséquences sans jamais s'attaquer aux causes. Au mieux, on soigne, on médicalise un problème de société ; au pire on condamne, on montre du doigt, on interdit. Dénoncer la pauvreté, l'abandon, l'exploitation, la misère sociale reviendrait à dénoncer le système sur lequel repose le pouvoir des membres fondateurs de ces mouvements qui ne comptent dans leur rangs ni Spartacus, ni Jaurès.

Il serait inexact et stupide d'affirmer que ce sont les mêmes bourgeois triomphants qui animent aujourd'hui l'ANPAA et consorts. Mais la médicalisation systématique du problème, la cécité du politique, le refus d'éducation, la priorité donnée à la punition sur l'éducation s'inscrivent à n'en pas douter dans l'héritage idéologique de ce passé.

Chapitre 3

L'alambic de l'idéologie

« Bref, partons d'une coquille. La suppression du Q entraîne presqu'immédiatement la mutation du minéral inerte en un organe vivant et générateur. »

Boris Vian

Le thème de l'impôt, de la taxe, du prix qui ferait reculer la consommation, chère aux gens de l'ANPAA malgré son inefficacité, comme celui de l'interdit au cœur de la loi Evin, n'est donc pas nouveau mais il a trouvé son appui scientifique, sa justification théorique – aujourd'hui encore au cœur de l'argumentaire – avec le démographe Sully Ledermann.

En 1956, cet ancien élève d'Alfred Sauvy publie une étude dans laquelle il se propose de mesurer l'état d'intoxication alcoolique d'une population grâce à une loi mathématique, celle de Laplace-Gauss.

Partant du principe (par lui établi) que le nombre d'alcooliques est lié à la consommation moyenne d'une population, il en déduit que : « La proportion des buveurs excessifs paraît croître selon le carré de la consommation moyenne, par tête, de la population à laquelle ils appartiennent. »

Conclusion que nous pourrions en tirer : c'est dans le Médoc, en Champagne vineuse, dans la Côte d'Or, à Tain-l'Hermitage où règne Michel Chapoutier, grand déboucheur de flacons pour les gens qu'il aime, dans tous ces endroits où le vin fait partie du quotidien que l'on devrait trouver le plus grand nombre d'ivrognes et de malheureux addicts à l'alcool... On sait bien qu'il n'en est rien, que les régions productrices de vins sont celle où l'on dénombre le moins d'alcooliques... Parce que justement, là où on sait déguster, boire le vin, l'apprécier, on transmet. Il ne joue pas en ces lieux le rôle de béquille sociale mais d'embellisseur de vie. On en jouit, on ne le subit pas.

Sully Ledermann, avant d'appliquer sa loi mathématique aux buveurs, aurait sans doute gagné à relire cet avertissement en forme de boutade (douteuse) prononcée par son propre maître Alfred Sauvy : « Une femme est fidèle à son mari. Une autre est infidèle au sien deux fois par semaine. En moyenne, ces deux femmes trompent leur mari une fois par semaine. »

Dit comme cela, au comptoir du café du Commerce, une loi mathématique qui déterminerait le mal de vivre, car c'est bien de cela qu'il s'agit, c'est amusant et presque crédible. Qu'il y a-t-il de plus déshumanisé mais de moins contestable qu'une loi mathématique ?

Cela confère un vernis scientifique au discours sur la nécessaire abstinence. Quand on y regarde de plus près la loi de Ledermann semble un peu moins drôle. J'y vois personnellement une approche totalitaire de la société. L'individu dans sa souffrance ou sa joie, tout ce qui constitue son identité, n'existe plus, il se dissout dans la masse, la catégorie, il ne correspond plus qu'à des critères définis par d'autres. L'homme n'avance plus qu'en fonction de cette appartenance à une équation.

C'est ce que Ledermann appelle l'effet « contagion » ou « boule de neige »… J'ai même trouvé chez l'un de ses défenseurs une intéressante comparaison de l'homme avec le mouton ou plus exactement de la femme avec la brebis ! Jugeant de la valeur, cinquante ans après, de la loi de Ledermann, le docteur François Besançon écrit : « Le comportement moutonnier est influençable par la publicité. A l'époque où la télévision pointait la bouteille d'apéritif dans la contre-porte du réfrigérateur, bien des femmes trouvaient naturel d'y loger cette bouteille ; et plus tard de la déboucher pour noyer un chagrin. »

D'où la nécessité d'interdire, ce que fit la loi Evin, tout message qui pourrait être interprété comme une incitation à consommer du vin ou d'autres alcools. Le mouton, c'est-à-dire vous, elle, lui et moi, rentre ainsi dans le troupeau, s'éloigne du danger et tend à s'approcher de cette société parfaite, d'où on élimine un par un les risques et les tentations que cette chienne de vie sème sur notre chemin.

D'un côté les moutons, la masse, manipulable à l'envi ; de l'autre ceux qui savent, les guident, préviennent, se substituent à leur propre conscience pour leur plus grand bonheur.

« Une idéologie nous menace, rapporte le philosophe André Comte-Sponville, que j'appelle le pan-médicalisme ; une civilisation tout entière centrée sur la médecine, qui ferait de la santé le souverain bien – et donc de la thérapie la seule sagesse ou religion qui vaille. » Comte-Sponville cite la fameuse phrase de Voltaire : « J'ai décidé d'être heureux, parce que c'est bon pour la santé. » Une petite plaisanterie qu'il serait bon de soumettre aux censeurs. Le but premier de la vie, c'est d'être heureux et tant mieux si en plus on a la santé. Mais on peut également parvenir à être heureux sans être en bonne santé ou avec un handicap. Le film *Intouchables* en a fait la vibrante et populaire démonstration.

André Comte-Sponville[1] cite un extrait du préambule daté de 1946 de la constitution de l'Organisation mondiale de la santé, l'OMS : « La santé ne consiste pas seulement en une absence de maladie ou d'infirmité : elle est un état de complet bien-être physique, mental, social. »

Le philosophe s'interroge : ceux qui n'ont pas de travail, les chômeurs, les travailleurs mal payés sont donc par définition en mauvaise santé !

------

1. André Comte-Sponville, *Le Goût de vivre*, en livre de poche. A noter que ce texte est tiré d'un article paru dans *Impact Médecine*.

Il leur faut rapidement un médecin qui leur fasse une ordonnance…

« Il me semble que la politique et l'action syndicale vaudraient mieux. Quand c'est la société qui est malade, est-ce aux médecins de la soigner ? »

Là est bien le problème : la confusion des genres et des compétences.

Le grand artisan, le rédacteur, l'homme qui a pesé de toute son influence pour imposer la loi Evin s'appelle Claude Got. Médecin, professeur, devenu un spécialiste de l'accidentologie et expert de la sécurité routière, il fut notamment l'un de ceux qui œuvra avec raison en faveur de la ceinture de sécurité obligatoire.

Claude Got a revendiqué sa filiation au courant philosophique des moralistes utilitaristes mis en lumière par Jeremy Bentham au XVIIIe siècle. Ce penseur anglais assez méconnu de nos jours eut une influence considérable au moment de la Révolution, source d'inspiration pour les législateurs. Son principe « utilitariste » consistait (en résumé) à déterminer avec des règles précises ce qui relève du plaisir ou de la douleur dans chaque activité humaine : « Le calcul du bonheur et des peines. »

Au départ, l'idée est généreuse puisqu'il s'agit de procurer au plus grand nombre de citoyens, le plus de bonheur possible. C'est dans la poursuite théorique, que le sable se glisse dans les engrenages. Son désir de « maximiser le bonheur », selon ses propres termes, l'entraîne vers des dérives autoritaires. La morale de Bentham se construit avant tout par l'arithmétique. Le plaisir, par exemple, doit s'évaluer selon des critères « scientifiques » où l'on mesure l'intensité, le degré de certitude, la durée et la proximité (immédiat ou non)… Idem pour les peines. Il suffit alors de placer dans la colonne profits les avantages et dans la colonne dépenses les nuisances, et l'on obtient ainsi un code de conduite pour tous les individus.

Qui codifie ? Qui choisit ? L'Homme est-il capable seul de déterminer ce qui est bon pour lui et ce qui est mauvais ou au contraire est-ce au souverain, à celui qui sait – aujourdhui on désignerait l'expert ! –, de décider à sa place ? C'est au nom de cette « morale » utilitariste et radicale que Bentham nia l'existence d'un « droit naturel » de l'individu et fut opposé à la Déclaration des droits de l'homme.

Bentham, Ledermann, deux visions « calculées », mathématiques de la société, inspiratrices des créateurs et des défenseurs de la loi Evin.

On devine aisément les limites et même les dangers de cette pensée poussée à l'extrême : l'homme désocialisé, mécanisé, substituant aux échanges avec les autres humains un calcul froid où les sentiments, les humeurs, la spontanéité n'existent pas, la nécessité d'un arbitre suprême qui détermine, décide et in fine conduit la société. Big brother.

Le XXe siècle nous en a proposé quelques spécimens.

Ce manque de confiance en l'homme, en sa capacité à raisonner, on le retrouve dans la haine que la publicité inspire à Claude Got. La pub, c'est le mal absolu qui imprègne les cerveaux, modifie en profondeur les comportements, rend l'homme vulnérable, désarmé, brinquebalé, manipulé. Supprimons la publicité et l'on éradique l'obésité, le tabagisme, l'alcoolisme et la mortalité routière.

Dans un message de soutien ahurissant aux « déboulonneurs », ces commandos qui taguent ou démontent les panneaux publicitaires, Got dévoile son credo. La publicité est « nuisible aux libertés », « une arme de destruction massive ». La publicité « est à la liberté de penser et d'agir ce que la prostitution est à l'amour entre des êtres humains ». Pas moins. « Imaginer que l'éducation et l'information sont capables de s'opposer à la puissance de la répétition est une illusion car à cette répétition s'associe la séduction, c'est-à-dire la capacité des publicitaires à mobiliser l'intelligence de milliers de concepteurs pour contourner les moyens de défense de ceux qui reçoivent ces messages associant l'humour, le plaisir, la beauté, la qualité alléguée. » Certes, j'imagine assez mal quel serait l'avenir, en termes de carrière, d'un publicitaire qui tenterait de faire rêver à partir d'un message associant le malheur, la flagellation, la laideur, l'ersatz, la bêtise... Mais si des publicitaires se montrent capables de créer pour séduire, on peut également penser que les récepteurs ne sont pas qu'un troupeau d'abrutis.

Surtout, si au lieu d'interdire, on éduque, on décrypte, on propose d'autres messages... C'est d'ailleurs ce que réalisent les publicitaires quand ils se mettent au service de la santé publique.

Quand dans les années 50, le héros de l'Ouest américain fumait des Marlboro, que Ventura et Delon en noir et blanc allumaient clope sur clope, que dans Spirou « les bonnes histoires de l'Oncle Paul », gentiment moralisantes, s'illustraient par un papy tirant sur sa pipe, que Gaston Lagaffe et Lucky Luke coinçaient le mégot, que la virilité comme le début d'émancipation de la femme passaient par l'étape cigarette, sans l'aide de la pub, comment serait-on parvenu à envoyer des signaux inverses ?

« De fait, la publicité joue, depuis quelques lustres, un double rôle de soutien aux politiques sanitaires. D'un côté, elle promeut et valorise certaines attitudes qui sont jugées positives (consommer quotidiennement cinq fruits ou légumes ; pratiquer une activité physique ; conduire de manière plus sûre...). De l'autre, elle fustige ou ridiculise les comportements considérés comme négatifs (alcoolisme, tabagisme, abus d'antibiotiques...). » Ce rappel émane du Conseil de l'éthique publicitaire (CEP) que préside Dominique Wolton, je l'ai extrait d'un document remarquable (consultable sur Internet) qui résume les rapports entre publicité et hygiénisme. Nous avons tous en mémoire les campagnes style « Papa ne bois pas, pense à moi », inquiétante voire culpabilisante mais sans doute efficace, ou encore en grand format les poumons de fumeur, sinistre petit tas de goudron fortement répulsif.

Mais, cela ne fait pas partie de l'arsenal du professeur Got et ce n'est pas sa philosophie. Dans un ouvrage paru en 2005, sobrement intitulé *Comment tuer l'Etat*, Claude Got applique à la société actuelle sa vision utilitariste. Pour lui les « mécanismes » qui mènent tout droit à l'erreur dans les décisions publiques s'expliquent par la présence de deux catégories d'individus : l'auteur de malfaçons « qui voudrait bien faire » mais qui ne possède pas le « savoir-faire nécessaire », et le « malfaisant » qui, lui, dispose « d'une aptitude à mal faire. La caractéristique principale de son mode de fonctionnement est qu'il est trompeur, ses intentions réelles ne sont pas celles qu'il met en avant pour justifier sa décision ». Chers amis de la pub, je vous laisse imaginer dans quelle camp vous range Claude Got !

La masse, les individus normaux, en particulier les jeunes incapables de démêler le vrai du faux, ont donc besoin de guides, des êtres supérieurs qui pensent à leur place et ne sauraient être contredits. De cela, de ce portrait en négatif que l'on peut faire de lui, Got s'en défend. Il sait que l'on va le traiter « d'ayatollah, de vichyste sournois, d'hygiéniste rétrograde et liberticide » et il s'en moque.

Il n'est pas, nous rassure-t-il, un prohibitionniste masqué !

Ah bon, mais alors comment conclure ce paragraphe prélevé dans *Comment tuer l'Etat* :

« Faciliter l'accès à l'alcool provoque constamment une aggravation des dégâts, quelle que soit la boisson alcoolisée concernée. Tous les pays consommateurs d'alcool au monde constatent que les dommages sont proportionnels à la consommation moyenne observée localement. L'idée d'un pays réunissant uniquement des consommateurs modérés est un mythe de producteurs qui imaginent pouvoir bénéficier des richesses assurées par la production d'alcool, sans se sentir une part de responsabilité dans les dégâts humains entraînés par sa consommation. »

Tout est dit, et clairement.

Si nulle consommation modérée n'existe au monde, la seule solution valable au problème de l'alcoolisme est bien l'interdiction de l'alcool autrement dit la prohibition. Au passage, revoilà le vieux Ledermann, sa loi fausse et sa proportionnelle qui condamne tout rapport raisonnable, juste par plaisir, au vin.

On y ajoute la haine et le mépris pour les producteurs, ces « malfaisants » qui n'ont que le profit en tête, incitent à l'alcoolisation des populations et se fichent des dégâts occasionnés…

Chapitre 4

Mensonges et statistiques

« Les faits sont têtus. Il est plus facile de
s'arranger avec les statistiques. »

Mark TWAIN

50 000 morts chaque année ! Un chiffre brandi dans les journaux, ou sur les plateaux de télé, dans les radios. Invérifiable, variable aussi et assurément faux. Comme le sont la plupart des statistiques et des arguments avancés par ces militants qui agissent comme en campagne électorale, n'hésitant jamais à tordre la vérité. Got annonce tantôt 30 000 et Alain Rigaux, président de l'ANPAA, 45 000.... Pour l'INPES (Institut national de prévention et d'éducation pour la santé), c'est 40 000, mais on trouve parmi les « 101 raisons pour arrêter de fumer » l'énoncé suivant : « 66 000 personnes meurent chaque année en France du tabagisme (...) Le tabac tue trois fois plus de gens que l'alcool, le sida, la drogue, les accidents de voiture, les homicides, la maladie de la vache folle et les suicides réunis. » Je vous

laisse calculer... Même, s'il n'en restait que 10 000, ce serait 10 000 de trop mais est-ce une raison pour trafiquer les chiffres et mentir, nous prendre pour des irresponsables que seule la puissance du nombre saura émouvoir ?

En mars 2013, nouvelle donne : ce sont 49 000 décès qui seraient imputables à l'alcool selon une étude réalisée (entre autres) par Catherine Hill de l'institut Gustave Roussy à Villejuif. Comment cette étude a-t-elle été réalisée ? A partir, nous apprend *Libération*, des données de la mortalité française pour l'année 2009 « et sur 20 000 entretiens réalisés par l'Insee en 2002-2003 avec des personnes âgées de 15 ans et plus, au sujet de leur consommation d'alcool. Les épidémiologistes ont ensuite croisé ces données avec les chiffres des ventes de boissons. » Pas de recherches cliniques en hôpital et centre de soins ?

En 1995, Catherine Hill avançait le chiffre de 45 000 morts par an. Il y aurait donc une augmentation du nombre annuel de morts et ce malgré la loi Evin, ce qui tendrait à prouver son inefficacité.

Mais, dans le même temps, la consommation de vin a considérablement baissé en France.

En un demi-siècle, elle s'est même divisée carrément par trois passant de 150 litres à 50 litres.

Comment alors interpréter cette soi-disant hausse de 4 000 décès si ce n'est par la modification des habitudes de consommation (moins régulière, plus violente) et le type même d'alcool absorbés ?

Hasard ou facétie d'agenda, le jour où paraissait cette étude, nous apprenions que la France, où l'on boit donc de moins en moins de vin, conservait son titre de championne du monde pour la consommation de whisky devant les Etats-Unis et le Royaume-Uni : 126 millions de litres en 2011, une croissance de 10 % depuis 2007 moins bien que la vodka et le bourbon qui progressent chacun de 47 %... Mais de cette dernière information *Libé* n'en parle pas et illustre son article avec la photo d'un verre de vin.

Là non plus, ceux d'aujourd'hui n'ont pas inverté la méthode. Dans l'encyclopédie Larousse de 1928, on apprend de la source Ligue antialcoolique que le taux de mortalité est de 34 pour 1000 chez « les garçons de café » contre 9 pour 1000 chez les « tempérants » !

On peut sourire mais les arguments des prohibitionnistes de maintenant sont tout aussi sujets à caution.

Ce nombre de morts, qu'on nous assène à chaque intervention, intègre les victimes de crimes ou d'accidents « liés à l'alcool », même si l'alcool n'a pas grand-chose à voir avec les faits.

Pierre Kopp[1], économiste et professeur à l'université Panthéon Sorbonne, auteur d'un rapport qui, au même titre que la loi de Ledermann, sert de petit livre rouge aux idéologues de l'ANPAA, admet ce dérapage : « Tout d'abord, certains éléments du "coût social" peuvent prêter à discussion. Considérons, par exemple, un individu qui a consommé de l'alcool ou des drogues illicites, et qui commet un crime. Même si cette personne a été intoxiquée, il n'est pas clair que le crime puisse être attribué à la consommation d'alcool ou de drogues illicites. »

____

1. Pierre Kopp, *Le Coût social des drogues licites (alcool et tabac) et illicites en France*, 1997.

Si lors d'un accident de la route, une des victimes, même si ce n'est pas le conducteur en faute, a trop bu, son décès figure dans la statistique. Si un jeune déclare à un sondeur que dans l'année, il a bu plus de cinq verres au cours d'une soirée, même si celle-ci a commencé vers 20 heures pour s'achever à 5 heures du matin, il entrera dans la catégorie de ces adolescents qui pratiquent le binge drinking, la « défonce » jusqu'à l'effondrement.

Ainsi, la nuit de la Saint-Sylvestre, quand la France se souhaite la bonne année, le nombre de binge drinkers doit frôler les 90 %...

Il faut savoir aussi que parmi les « cinq millions de Français ayant un problème avec l'alcool » s'inscrit toute personne déclarant ne pouvoir se passer de son verre de vin au déjeuner ou au dîner. Je connais bien des grands-mères gaillardes qui vivent joyeusement dans l'ignorance de cet état de dépendance catastrophique !

Il en est de même de la fameuse consommation annuelle par habitant.

On nous brandit régulièrement 52 ou 53 litres par tête de pipe, ce qui ferait des Français les plus gros consommateurs au monde. De plus, c'est l'INSEE qui fournit ce chiffre, l'Institut national de la statistique, inattaquable, inébranlable édifice de la connaissance intime de l'hexagone. Mais comment obtient-on cette moyenne record ? Tout simplement en divisant le nombre de bouteilles vendues et taxées sur le sol français par le nombre d'habitants. Logique, non ? Une bonne vieille division, comme à l'école la baignoire qui se vide : tant de litres, tel débit et hop on obtient le nombre de minutes… Sauf qu'à l'école, le prof ajoute toujours des paramètres en plus : un machin qui fuit, un robinet qui goutte… Pour le vin, l'INSEE mérite un zéro car notre savant institut oublie juste de compter ou plutôt de déduire une grosse fuite : les achats des touristes étrangers (80 millions par an, sans compter les voyages d'affaires et ceux qui se contentent de traverser la France). Or, qui se balade un peu dans les vignobles le sait : l'achat à la propriété par les Belges, les Allemands, les Anglais est considérable (sans compter la consommation sur place dans les locations ou les campings l'été). Tous les gîtes ruraux de Champagne sont retenus parfois un an à l'avance par les Belges sans qui d'ailleurs beaucoup de vignerons indépendants ne feraient pas leurs affaires. Il suffit de visiter une cave accueillante de Bourgogne pour y entendre parler allemand, anglais, néerlandais ou le français un peu chantant de nos voisins suisses. Mais comme il est difficile pour ne pas dire impossible de connaître réellement et dans le détail ce qui est acquis par Hans ou Peter et ce qui revient à Paul, on colle tout dans la même cave, celle de Paul.

Un pays européen fait jeu égal avec la France et parfois la dépasse : le Luxembourg. Tous poivrots au Grand-Duché ? Pas vraiment mais l'achat (détaxé ou presque) par les visiteurs, notamment suisses qui en se servant au Luxembourg réalisent une très bonne affaire, fait grimper la statistique. Sans forcer le trait, on peut estimer que le chiffre réel de consommation de vin par les français, se situe entre 42 et 44 litres par an, ce qui nous replace dans la moyenne européenne des pays consommateurs.

Tous ces calculs sont toujours réalisés à charge. Le rapport Kopp, comme ses précédents ou suivants, n'envisagent jamais les bénéfices d'une consommation raisonnable du vin.

D'abord le vin n'est pas distingué des autres alcools, c'est une « drogue licite » (*sic*), point.

Donc, l'alcool dans sa globalité est comparé, de par son « coût social », aux autres « drogues » licites ou illicites. A aucun moment les auteurs, Kopp en tête, ne signalent que l'usage du tabac, par exemple, ne comporte pas le même risque et que l'effet addictif n'est pas comparable. Selon le professeur Robert Proctor, historien des sciences à l'université de Stanford, auteur du best-seller *Golden Holocaust*, seuls 3 % des buveurs d'alcool sont dépendants alors que 80 à 90 % des fumeurs sont addicts.

« On a mis dans le même sac le tabac et l'alcool alors que le tabac est nocif immédiatement et que le vin l'est dans une consommation excessive. De même, on n'a pas fait la nuance entre la consommation conviviale et l'alcoolisme qui met en danger les vies », nous dit un des meilleurs connaisseurs de la société française, le sociologue Gérard Mermet, l'auteur des indispensables *Francoscopie*.

Pas question non plus de signaler la valeur ajoutée sur la santé d'une consommation régulière et raisonnée du vin. L'effet bénéfique est connu, révélé par le professeur Serge Renaud sous le nom de paradoxe français, étudié et validé par les plus hautes autorités médicales américaines (French paradox), puis mondiales, il est cependant toujours nié par nos grands timoniers en blouse blanche. Ainsi, l'alcoologue Philippe Batel, fils spirituel de Claude Got, ne reconnaît aucune vertu au vin qu'il s'évertue, au cours des ses très nombreuses apparitions médiatiques, à toujours rabaisser à la molécule d'alcool :

« Qu'est-ce qui est dangereux dans le vin ? C'est l'alcool qu'il contient : ce qui est sûr, c'est qu'on n'arrive pas à distinguer entre le vin et les autres alcools de "sur-bénéfice" ou de "sur-risque" d'un produit par rapport à l'autre. »

Que le resvératrol, ce polyphénol présent dans les vins rouges, possède une effet protecteur comme l'ont démontré des dizaines d'études internationales (dont celle de l'INSERM d'Angers en 2010 qui a mis en lumière son effet vasodilatateur), personne n'en doute sauf le docteur Batel et ses amis. Que ce même resvératrol agisse comme anti-inflammatoire et possible adjuvant à certains traitements anticancer, ignorance... Que le professeur Jane E. Cavanaugh de l'université de Pittsburgh démontre devant 14 000 scientifiques réunis lors du 244ᵉ National Meeting of American Chemical Society que le resvératrol contenu dans le vin rouge favorise l'équilibre chez les personnes âgées, notamment celles atteintes de la maladie de Parkinson (la chute constitue la principale cause de décès au-delà de 65 ans), rien à cirer pour parler comme une ancienne Premier ministre.

Tout cela ne compte pas : Batel, Got et leurs amis de l'ANPAA, aveuglés par leur combat et leur idéologie abstentionniste, ne veulent pas admettre ce qui pourrait constituer à leurs yeux une perte de terrain. Leur fonctionnement auprès des autorités et des médias, leur méthode de pression leur interdit toute reculade. Il s'agit de cogner à coups d'arguments massue, mépriser leurs confrères qui nuancent, menacer de révéler leur « lâcheté politicienne » à ceux des élus qui mettraient en cause leur juste combat, avancer masqué vers le but final, la prohibition, sans jamais l'avouer ou à mots couverts…

Du même Philippe Batel : « Le plus grand danger lié à la consommation de vin n'est pas d'en devenir dépendant, contrairement aux idées reçues, mais de subir des dommages qui interviennent bien avant la dépendance. »

Conclusion : la seule façon d'éviter ces dommages, c'est l'abstinence !

Pourtant, depuis longtemps déjà, de nombreux spécialistes des addictions comme le docteur William Lowenstein dénoncent le dogme de l'abstinence (ici sur France 5) : « L'abstinence est, à mes yeux, une vieille histoire, pour ne pas dire une vieille croyance, qui est tout à fait collée à la période de la prohibition de l'alcool. Prohibition et abstinence qui étaient demandées par les ligues familiales américaines. Donc, derrière cette histoire d'abstinence comme objectif, on a plus l'impression d'entendre quelque chose du domaine de la rédemption que de la guérison. Et, à mes yeux, je trouve que cette histoire d'abstinence, qui est en effet collée à ce concept de dépendance, est plus un concept socio-religieux du puritanisme américain qu'une approche médicale et scientifique validée. »

Mais à l'époque où Philippe Batel dénonçait les « dommages » que le vin peut causer avant l'inévitable dépendance se profilait le débat

73

sur la possibilité ou non pour les viticulteurs de faire leur « publicité » sur Internet. Pour l'ANPAA, du moins pour ses porte-voix médiatisés, il s'agissait, pour faire barrage, d'utiliser la méthode qui avait si bien réussi avec la loi Evin. Gros effet d'annonce et menaces auprès des politiques ! Là, en l'occurrence, les ligueurs ont tapé très fort…

Février 2009, la « découverte » fait la une du *Monde*, toujours prompt à relayer les propos des hygiénistes. Selon l'INCa (Institut national du cancer) : dès le premier verre de vin, le cancer et la mort nous guettent… Une annonce fortement relayée par d'autres médias.

Qui oserait mettre en doute une étude rendue publique par l'INCa ?

Quel journaliste, ou pire encore ministre ou élu de la nation demanderait vérification de cette information ? Celui qui oserait serait immédiatement taxé de voyou manipulé ou payé par le « lobby alcoolier »…

Depuis, on a découvert que ce rapport était une « repasse » dans la proximité de ceux qui ont rendu célèbre l'épouse d'un ancien maire de Paris, mais peu susceptible de décrocher un prix Nobel.

Le but principal de l'opération en ce milieu d'hiver 2009 semblait clairement de faire pression sur le gouvernement et les parlementaires afin « d'interdire la publicité en faveur des boissons alcoolisées » sur Internet. En réaction, plusieurs professeurs, alcoologues, cancérologues réputés tentèrent de faire entendre un discours plus proche de la vérité.

Difficile.

Le professeur David Khayat, lui-même ancien président de l'INCa, tenta de désamorcer la bombe. Il évoqua une « monstrueuse » erreur de traduction et d'interprétation d'un bout d'étude américaine jamais validée. « Il faut arrêter de dire que le vin est cancérigène dès le premier verre, c'est complètement faux ! », ajoutait ce cancérologue réputé[1]. Le pire dans ce soi-disant rapport pourrait être cette courte phrase : « Répandues et appréciées pour diverses raisons, les boissons alcoolisées

---

1. Malgré Khayat et bien d'autres, cette antienne du risque de cancer « dès le premier verre » sera reprise sans opposer les sources par plusieurs journaux et sites Internet en février 2013.

font partie de la vie quotidienne dans de nombreuses régions d'Europe. » D'évidence, on désigne ici allusivement le vin. Une communication de plus de 40 pages qui résume en « diverses raisons » tout un pan de la culture européenne. Cela en dit long sur l'intérêt que portent ces « scientifiques » à la façon dont ont vécu et vivent les hommes, leurs liens, leur milieu, leurs échanges…

Peut-on soigner et comprendre l'homme en le désocialisant ?

En vérité, si cette interdiction de la publicité sur Internet avait été votée, on se demande comment nous eussions procédé pour la faire respecter… Le vigneron français aurait été pénalisé mais pas le grand groupe de spiritueux international distributeur de tequila et de vodka. Le producteur de Beaune ou Chinon n'aurait certes pas affiché son historique, mais les superbes campagnes de l'américain Jack Daniels auraient été consultables dans le Wisconsin comme dans le Haut-Poitou. Comment aurait-on fait barrage ? En ayant recours aux braves douaniers de 1986 qui verrouillèrent l'accès des frontières françaises au nuage de Tchernobyl ? Ou encore en demandant de l'aide aux services secrets chinois qui, au nom de la lutte « contre la pornographie », installent des filtres sur les ordinateurs ?

Si cette communication de l'INCa fit grand bruit dans les médias, le démenti reçut un accueil plus discret. Quelques mois plus tard, en juillet, quand l'été distille une veille apaisante dans les rédactions, la plus haute autorité médicale française dit enfin le raisonnable.

Chargé entre autres de fournir aux pouvoirs publics l'expertise nécessaire à la gestion des risques sanitaires et d'évaluer les stratégies de prévention et de sécurité, le Haut Conseil de la Santé Publique (HCSP) exécuta sans circonstances atténuantes le rapport de l'INCa.

Extraits : « Sur cet argument, en matière de prévention des cancers, l'INCa déconseille la consommation d'alcool. Ce faisant, il est fait le choix de ne pas prendre en compte le possible effet protecteur d'une faible consommation d'alcool sur la survenue de maladies cardio-vasculaires (...) Ainsi, à ce jour, il n'y a pas d'argument convaincant pour justifier de modifier les recommandations actuelles basées sur des repères de consommation, en faveur d'une abstinence totale, telles que les recommandations de l'INCa ont pu être indûment interprétées (…) Nous tenons à préciser qu'au-delà du débat scientifique, une stratégie cohérente de prévention nécessite une harmonisation des discours, condition essentielle à une communication efficace en direction du public. Cette discordance dans les messages dessert, voire décrédibilise, les objectifs de santé publique. »

Voilà diplomatiquement mais clairement dénoncée une opération de manipulation de l'opinion.

Ce n'est évidemment pas la première fois que les ligues hygiénistes forcent le trait au nom de la santé publique. Le *Cours abrégé d'histoire naturelle et d'hygiène* publié en 1921 affirme que non seulement l'alcoolisme est héréditaire, mais « ses effets retentissent jusqu'à la quatrième génération en s'aggravant toujours ».

Plus proche de nous, en 1960, les élèves des lycées professionnels apprenaient, si l'on peut dire, dans leur manuel *Hygiène. Enseignement technique* (Hachette), que « beaucoup de muets et de sourds-muets sont des enfants d'alcooliques ».

Chapitre 5

Knock en stock

« Et vos, altri Messiores,
Sententiarum Facultatis
Fideles executores,
Chirurgiani et apothicari,
Atque tota compania aussi,
Salus, honor, et argentum,
Atque bonum appetitum. »

Molière

« L'avantage des médecins, c'est que lorsqu'ils commettent une erreur, ils l'enterrent tout de suite. »

Alphonse Allais

Les hygiénistes ne cessent de dénoncer ce « lobby alcoolier », sorte de fourre-tout où se retrouvent fabricants d'apéritifs anisés et vignerons de la Loire. Remarquons au passage que jamais ne se pose la question du lobby d'en face. Il y aurait à dire cependant. Les liens avec les labos pharmaceutiques, rien à déclarer ? A qui profite la « chronicisation » de nos maux, cette mise en perspective sur du long terme des douleurs ou du mal de vivre ? La statistique sert à cela (entre autres et manipulée) : montrer que la crise, qu'elle s'appelle de nerfs ou de foie pour peu qu'elle touche au comportement, s'inscrit dans la durée et comme telle doit être traitée sur le long terme.

Le « pan-médicalisme » dénoncé par André Comte-Sponville trouve aussi racine dans le trivial.

Souvenons-nous de la polémique qui a suivi la révélation des effets bénéfiques du Baclofène sur le traitement de la maladie alcoolique. Ce médicament myorelaxant, jusque-là utilisé dans le traitement des scléroses en plaques et autres affections médullaires d'origine cérébrale, a aidé un médecin, le docteur Olivier Ameisen, à guérir de son addiction à l'alcool...

Il a relaté son expérience et sa sortie de crise dans un livre qui fit débat. Pourtant nombre de ses collègues en France ont refusé d'utiliser ou d'expérimenter le Baclofène. Pour quelles raisons ? Plutôt que de jouer au procureur, je préfère laisser la parole aux médecins qui se montrent ici plus rudes que je ne saurais l'être...

Voici ce qu'écrit le docteur Renaud de Beaurepaire, psychiatre, neurobiologiste et chef de service à l'hôpital Paul-Guiraud de Villejuif, dans un éditorial du *Courrier des addictions* :

« Pourquoi des médecins ont pendant si longtemps regardé se dégrader et mourir devant eux des malades atteints d'une maladie, l'alcoolisme, alors qu'ils avaient à portée de main un médicament qui la guérissait ? Des médecins qui ont même refusé de le prescrire !

Une énigme et un scandale, une honte pour la médecine. (…) Les mauvais prétextes, discours mensongers, intérêts financiers et industriels, tous les conflits d'intérêt, pressions exercées par certains organismes (...) Quelles influences ont pu être assez fortes pour que des médecins agissent ainsi, contre l'intérêt de leurs malades, contre le serment d'Hippocrate ? »

Dans le journal *La Croix*, le docteur Olivier Ameisen, le héraut du Baclofène, doute lui aussi de la bonne foi de certains de ses collègues : « Ils refusent l'idée qu'on peut se sortir de l'alcool juste en prenant un médicament prescrit par son généraliste. Car à terme, cela menace tout ce qui fait leur existence professionnelle : leurs thérapies, leurs consultations, leurs lits de sevrage… »

En juin 2011, l'Afssaps (Agence française de sécurité sanitaire des produits de santé) avait rendu un avis défavorable au Baclofène dans le traitement de l'alcoolisme. Pas assez efficace et effets secondaires dangereux, lui était-il en gros reproché.

C'est curieux car plusieurs spécialistes qui n'ont pas attendu le feu vert de l'Afssaps, comme Renaud de Beaurepaire ou le professeur Bernard Granger, qui dirige le service de psychiatrie de l'hôpital Cochin, vérifiaient tous les jours l'efficacité de ce traitement. Bernard Granger est un têtu qui ne se laisse pas impressionner par les diktats d'où qu'ils viennent. Dès la publication de cet avis négatif, il prend sa plume et écrit au directeur général de l'Afssaps (avec copie au cabinet du ministre de la Santé), pour protester contre cette mise en garde qui ne lui semblait pas correspondre à sa propre expérience et celle d'autres collègues. Le professeur Granger ajoute dans son courrier que cette communication négative de l'Afssaps « avait été établie à la suite d'une réunion « d'experts » parmi lesquels certains avaient des liens d'intérêt avec les firmes commercialisant ou devant commercialiser des produits concurrents, dont l'efficacité est d'ailleurs relativement réduite (Acamprosate, Naltrexone, Nalméfène). »

Plusieurs médecins experts en alcoologie travaillent en collaboration avec une « firme » devant commercialiser le nalméfène. Notamment le docteur Philippe Batel qui en assure la promotion sur le site Doctissimo : « Ce médicament à prendre une demi-heure avant la période à risque est un antagoniste opiacé baptisé Nalméfène (…) Les résultats sont attendus pour décembre 2010, mais on peut déjà noter qu'après 6 mois d'étude, nous n'avons perdu de vue aucun patient. Cela est rare pour des études portant sur l'alcoolo-dépendance et atteste au moins d'une bonne tolérance. Les résultats préliminaires témoignaient d'une bonne efficacité : les patients s'arrêtaient après deux à trois verres alors qu'ils avaient l'habitude d'en boire six. »

Et, tant qu'on y est, que pense alors le docteur Philippe Batel du Baclofène qui a guéri Olivier Ameisen ?

Pas terrible :

« Dans ma pratique clinique, j'ai rarement rencontré des expériences aussi spectaculaires que celle décrite dans le livre *Le dernier verre* d'Olivier Ameisen chez les patients qui reçoivent ce médicament. La plupart semblent le tolérer assez mal, près de la moitié des patients l'arrêtent à cause des effets secondaires ou du sentiment d'inefficacité. »

Pour sûr, le Nalméfène, c'est bien mieux !

Mais, ce qui semble encore plus curieux, c'est précisément le manque de curiosité de certains thérapeutes. Car les effets du Baclofène étaient connus des spécialistes bien avant la publication du livre d'Ameisen.

Dans *Lancet*, la revue scientifique de référence, le professeur Giovanni Addolorato de l'Université catholique de Rome avait donné dès 2007 les résultats très significatifs en faveur du Baclofène d'une étude en double aveugle (le médecin comme le patient ignorent s'il s'agit d'un placebo ou d'un vrai médicament) portant sur 84 patients certains déjà atteints de cirrhose… La plupart des malades d'Addolorato avaient bien « toléré » ce médicament, très peu avaient décroché, nombreux avaient guéri… Sans doute un effet du climat plus favorable à Rome qu'à Paris !

Le traitement au Baclofène n'induit pas d'abstinence totale. Or, quand Giovanni Addolorato testait le Baclofène à Rome, Claude Got à Paris la préconisait comme seul remède et seul chemin vers la santé et le bonheur :

« Les effets favorables (du vin) ne constitueront jamais un argument permettant d'inciter à la consommation un non-buveur car le risque est évident de voir évoluer certains d'entre eux vers des consommations dangereuses (…) Si vous ne buvez pas, continuez. Il n'y a pas une population au monde capable d'avoir uniquement des consommateurs modérés, sans la contrepartie dramatique des consommateurs excessifs » (in *Libération* du 3 mars 2004). On notera au passage la référence à la vraie fausse loi de Ledermann : pas de buveur modéré sans buveur excessif…

Chapitre 6

Morale et politique

« Tout pouvoir qui se prétend bon, qui veut dicter le bien et le mal, agir au nom de la morale ou de la religion, est dangereux. Méfions-nous des politiques morales. »

Vincent PEILLON

« Dans tout le champ des actes injustes, nul n'est plus coupable que ceux des hommes qui agissent de manière à paraître honnêtes au moment où ils vous dupent le plus. »

MACHIAVEL

Personne ne le nie : l'abus d'alcool nuit gravement à la santé. L'abus de beurre aussi, de sucre, de télévision, de téléphone portable, l'abus de Dieu même – on a suffisamment d'exemples – nuisent aussi à la santé. Et l'abus des armes ?

A-t-on interdit pour autant les émissions religieuses à la télévision, supprimé les jeux vidéo où ça dézingue à tout-va ?

Faut-il tout interdire ce qui comporte un risque, tout réglementer ?

L'abus de morale me semble particulièrement dangereux pour la démocratie. « La morale ne règne que sur les ruines de l'art », disait Elie Faure. Ce sont dans ces ruines que les nouveaux moralistes veulent nous faire vivoter.

Nouveaux ?

Plus ou moins. A toutes les époques l'art et le moralisme se sont opposés, avec comme arbitre le législateur, l'Etat, le souverain, les pouvoirs publics. Quand Frédéric II penche du bon côté, il attire à la cour de Prusse Voltaire, Maupertuis, savants et philosophes des Lumières et le soleil pâlit à Versailles. Quand François Ier plante sa vigne autour des châteaux de la Loire, protège Clément Marot et Rabelais, Léonard de Vinci le rejoint tandis que Guillaume Budé cache dans la grande bibliothèque royale les livres interdits.

Quand le prince ou le président succombe à la morale, la littérature se fane, la peinture se fige, les théâtres se vident, la musique n'est plus que militaire. Seule alors la résistance peut produire du sublime.

« Est-il besoin à ce propos de rappeler (l'Histoire abonde en ces sortes d'exemples) ce qu'il advient de l'art ou de la science lorsque quelque "morale" ou quelque idéologie prétendent les régenter ? Ce sont alors les consternantes productions de l'art "officiel" de nos démocraties qui, au même moment, laissaient Van Gogh mourir dans la misère et Cézanne dans le chagrin… », rappelait Claude Simon, prix Nobel de littérature.

L'art et le vin, dans notre creuset méditerranéen, font route et front communs contre l'oppression des moralistes. Chez nous, l'un ne va pas sans l'autre.

Dans les cathédrales, les abbayes, les châteaux, les livres et les livrets, sur les coteaux qui dominent la Saône, le Rhône, le Lot, la Loire, la Vienne, le Rhin, l'Yonne, l'Hérault, La Garonne, La Dordogne, le Serein ou la Vézère, dans les poèmes de Villon ou de Rutebeuf, dans ceux de Baudelaire ou de Ronsard, dans la Bible, dans Hugo comme dans Joubert, dans Renoir père, dans Renoir fils, dans les vitraux de Chartres qu'admire Péguy, dans la fureur des sans-culottes, dans les tavernes et les musées, dans les chapiteaux de Vézelay, l'art et le vin n'ont fait que s'accoupler.

J'ai connu Vézelay sans les vignes, sursaut de pierres sur une colline pelée, en friche de l'Histoire. J'avais lu, enfant, le *Colas Breugnon* de Romain Rolland et *Mon oncle Benjamin* de Claude Tillier, le révolté de Clamecy, le meilleur rôle de Jacques Brel au cinéma.

Leurs histoires, entre Vaux d'Yonne et Cure, c'était chez moi.

Mais comment y croire ? Comment les voir, Colas et Benjamin, gravir les pentes entre les échalas et se soûler du rouge clair des ceps de pinot ? Il ne me suffisait pas de gommer les graviers roses des routes goudronnées pour marcher dans leurs pas : les chemins blancs de calcaire, je les fréquentais…

Mais je n'avais jamais connu Vézelay, la « Colline inspirée » bordée par ses vignes. Le phylloxera, les guerres dévoreuses de main-d'œuvre, le chemin de fer et la route qui permettaient d'acheminer les vins du Midi bien plus vite que ne le faisait le coche d'eau avaient eu raison d'un vignoble isolé, pas encore valorisé par l'appellation contrôlée. Timidement, elles sont revenues. De la terrasse qui cercle la basilique, on domine de nouveau un morceau de paysage viticole. La voilà plantée, la belle Romane, dans son vrai décor, celui que les hommes lui avaient façonné. C'est bien et ça fait du bien !

Cette fois, on peut imaginer ce qui a relié les moines, les pèlerins, le menuisier philosophe Colas et le bouffe curé de Tillier.

J'ai choisi l'exemple de Vézelay car il me semble hautement symbolique : paysage tracé, village de cultures et vignerons, basilique d'où fut prêchée la première croisade, où sur un chapiteau est sculpté le « moulin mystique ».

Moïse verse le grain c'est-à-dire l'ancienne Loi. Paul recueille la farine, la « nouvelle » Loi, l'Evangile qu'il doit faire connaître.

Il s'agit aussi de la première représentation d'un engrenage si cher à l'historien Georges Duby. Cette nouvelle technique explique en partie l'essor des campagnes à partir des XIIe et XIIIe siècles. L'engrenage, c'est la transmission. Celle de la force du vent ou de l'eau. Aussi, celle de la culture, du savoir, de la vie.

Vézelay, lieu mystique où la vigne et le vin sont partout gravées, dans la pierre du culte comme dans celle des caves.

Ceux qui veulent tuer le vin s'attaquent également à la construction de nos paysages si souvent modelés par la vigne et les travaux millénaires que l'homme a entrepris pour l'implanter et la faire vivre.

A quoi ressemblerait la grande Côte bourguignonne, de Marsannay à Meursault, sans ses vignes ? A « une petite montagne bien sèche et bien laide » a par avance répondu Stendhal en visite au Clos-Vougeot. Et le Médoc en bord de Gironde, sans ses châteaux viticoles et ses cabernets en rangs serrés qui ont domestiqué les anciens marais ? Dès que la vigne se retire, c'est l'abandon. Il n'est qu'à voir les friches qui bordent l'autoroute A9 entre Béziers et Montpellier ou, si l'on remonte dans les terres, vers les haut Languedoc, les terrasses désertées qui se devinent encore à flanc de montagnes. Et l'on pense aux hommes qui les ont dressées à la main et à leurs fils qui les ont quittées. Ailleurs, c'est le mitage, au mieux pavillonnaire, au pire l'envahissement par ces hangars rhabillés par la grande distribution et ces enseignes criardes qui veulent nous faire croire au bonheur à 39,95 € la paire de baskets siglées de la marque qui exploitent des enfants quelque part en Inde ou en Chine. A Montlouis, Vouvray, dans la Loire, à Cornas que Valence encercle, c'est la vigne qui stoppe l'avancée anarchique et polluante de la ville ou de la « péri-ville ». Si Bandol se préserve en partie du béton, n'est-ce pas grâce aux vignerons qui résistent comme leurs voisins des côtes de provence et même de la presqu'île de Saint-Tropez...

Comment ignorer d'où l'on vient, nier notre histoire ? Pourquoi des scientifiques, des médecins sont devenus des scientistes étroits ?

D'où vient l'erreur, la déviation ?

Sans doute de confondre morale et action publique. De mélanger émotions et réflexions et ce faisant de dissoudre l'Histoire dans le spectaculaire.

La morale concilie l'individu avec lui-même, organise sa « vertu » : c'est un des violons de l'orchestre. La politique tient la baguette, elle veille à faire coincider l'action, la décision avec les libertés, les usages, le bien commun, le patrimoine, ce qui constitue ce « plébiscite permanent » qu'évoque Renan pour illustrer l'idée de nation.

De tous temps, on a dénoncé l'ivrognerie. François Ier menaçait même de couper les oreilles aux récidivistes.

Autrefois, l'Eglise jouait de la menace. En principe l'ivrogne n'avait accès au paradis qu'après une longue cure de désintoxication au service purgatoire. Mais la geste chrétienne ne saurait se passer du vin. La Bible cite pas moins de quatre cent quarante et une fois le mot vin, pour le glorifier. On le sait précisément, car en 1928, pendant la prohibition, un éditeur de New York tenta un ersatz de Bible, rédigée par deux éminents professeurs de Yale, expurgée du mot vin.

Sans succès pérenne semble-t-il !

Saint Pierre lui-même fut au moins une fois rond comme une crosse d'évêque si l'on en croit les Evangiles. Les Apôtres sortant du Cénacle le jour de la Pentecôte semblaient si joyeux que la foule s'était écriée : « *Musto pleni sunt isti.* » Ce que gens d'Eglise ont traduit par : « Ces gens-là sont pleins ! »

En dehors du phénomène viticole, la génèse de cette loi Evin révèle certaines tares de notre système.

A l'origine, le dessein apparaît généreux : lutter contre l'alcoolisme et le tabagisme. Les avis d'experts et de médecins semblent tout aussi fondés et respectables. Reste l'interprétation. Elle relève du politique qui dans cet épisode ne s'est guère montré virtuose.

On attend de lui qu'il sépare « l'utile et le nuisible » selon la définition d'Aristote, le bon grain de l'ivraie, la source de l'effet.

Avec la loi Evin, c'est l'objet qui devient la cause : l'alcool fabrique l'alcoolique. Et l'on jette, non pas un voile pudique, mais un lourd rideau de théâtre sur celles véritables qui poussent ces gens vers l'addiction…

Non seulement elle ignore les racines du mal, mais en plus elle place sur le même plan, celui de la molécule d'alcool, le vin dont l'histoire, les liens avec l'humanité sont plusieurs fois millénaires, et le tord-boyau vaguement aromatisé qui n'a d'autres buts que celui de soûler.

Comment le vin, composant essentiel des civilisations méditerranéennes a-t-il pu être ainsi schématisé, désossé, démembré et réduit à sa plus simple expression, l'alcool ? Parce que ce texte n'est justement pas politique. Il n'a ni recul, ni vocation à en avoir. C'est un document concocté en vase clos, entre spécialistes.

Un constat d'experts peut-il seul avoir force de loi ?

Qui a défendu la loi Evin sur les plateaux de télévision, dans les radios et la presse à l'époque ?

Rarement des politiques, sauf le député Jean-Marie Le Guen, médecin et ancien salarié pendant pas moins de vingt ans de la MNEF, la mutuelle des étudiants. Ce qui prouve sans ambiguïté un intérêt durable pour l'avenir de la jeunesse...

Plus souvent, dans les journaux, radios et télés, ce fut son inventeur qui s'y colla : le professeur Claude Got, qui respire la joie de vivre autant que Monseigneur Lefèvre invitait à la déconnade au moment de l'Elévation.

Quand le médecin pense et agit en lieu et place du politique, quand ce dernier abandonne son rôle par contrainte ou par lâcheté, quand Ponce Pilate s'en lave les mains, les institutions claudiquent. Et c'est le cas.

Le désengagement du politique permet les délires de mini Folamour qui se rêvent en « maîtres à penser » (le mot est de Claude Got : « Une communauté humaine en évolution rapide a besoin de maîtres à penser ») chargés de réanimer le débat d'idées dans notre pays ballotté entre libéralisme extrême et communisme moribond : « J'essaye de créer une hiérarchie entre les libertés en utilisant des situations concrètes. Un enfant, un adulte vulnérables, n'ont pas à être piégés par le risque, et leur liberté de vivre passe avant la libre cupidité de ceux qui commercialisent des produits potentiellement dangereux. (…) Je n'ai pas la prétention d'organiser le monde, mais je tente d'identifier et de neutraliser ceux qui le désorganisent » (interview de Claude Got, *Le Monde*, décembre 1993).

Qu'aurait pensé Hannah Arendt d'une aussi inquiétante profession de foi ?

Dans un supplément du *Canard enchaîné* paru en 1991, étrangement favorable au parti hygiéniste, surtout quand on connaît les relations étroites qu'entretenait naguère la rédaction du *Canard* avec certain cru du Beaujolais (On lui doit la formule : « prendre les eaux à Juliénas »), Claude Got raconte en partie comment il a fabriqué la loi Evin et comment il l'a imposée. Il valorise son action, un peu trop même, mais il suffit de jeter un œil à son autobiographie sur Internet pour comprendre que l'homme est assez content de lui.

Un mot cher aux militants trotskistes de la grande époque résume sa tactique : l'entrisme. On peut dire, c'est plus conventionnel, noyautage. Cela consiste à pénétrer, adhérer à une autre organisation pour de l'intérieur en modifier l'idéologie et la stratégie. C'est, contrairement à ce qu'affirme Got dans cet article du *Canard*, assez différent du lobbying qui lui agit par influence de l'extérieur. Ancien membre du cabinet de Jacques Barrot quand il était en charge de la Santé, il a tissé des liens au sein même de ce ministère qui lui ont permis, par la suite, de faire virer un conseiller trop mesuré et le remplacer par un jeune loup aux dents plus aiguisées, qui n'a pas encore inscrit sa vocation médicale dans la missionnaire chirurgie esthétique, un futur ministre : Jérôme Cahuzac.

Il raconte, Claude Got, comment avec quelques autres amis il a fait pression sur les politiques, les menaçant à chaque fois de les dénoncer comme favorables au « lobby alcoolier », complices...

« La guerre est une affaire trop sérieuse pour être laissée aux militaires », affirmait Clemenceau. La santé, d'ailleurs on dit plus souvent politique de santé, ne peut pas être l'affaire des seuls médecins.

Sinon, il manque aux décisions une dimension, la troisième dimension, celle qui met en perspective, qui tient compte du relief d'une société, la rend pérenne en l'inscrivant dans le mouvement historique.

C'est que que fit Simone Veil avec la loi sur l'interruption volontaire de grossesse ou Robert Badinter en faisant voter l'abolition de la peine de mort ; une loi qui n'aurait jamais vu le jour si cet avocat devenu garde des Sceaux n'avait écouté que certains magistrats et les associations de victimes.

Pour moquer la loi dite Evin, tricotée par son collègue Claude Got, un autre médecin, de terrain, et qui a contribué à réduire l'alcoolisme en Bretagne, Guy Caro, proposait en 1991 d'interdire la souffrance et le malheur, l'anxiété, l'angoisse et la solitude, « principales sources profondes du tabagisme et de l'alcoolisme ».

Ce que Villermé, le catholique, membre de l'Académie des sciences morales, ne pouvait dénoncer en 1835, le catholique mais socialiste Claude Evin, membre du gouvernement de Lionel Jospin en 1991 aurait peut-être pu, lui, l'énoncer. Dire les causes, chercher les remèdes ailleurs que dans la sanction. Pas besoin d'être à la tête d'un ministère de la

Santé avec tant de collaborateurs hautement qualifiés pour deviner qu'il y a moins d'alcooliques parmi le personnel de Moët & Chandon que chez les chômeurs abandonnés des anciens sites industriels.

Evidemment, chez Moët, comme dans l'ensemble des maisons de champagne, le personnel dispose d'une convention collective de grande qualité (pour des raisons historiques qui n'ont rien à voir avec la richesse de ces établissements) et les conditions de travail ne ressemblent en rien à celles des manufactures de textile du XIXe siècle. Mais le vin est là, permanent, disponible. De même, on le sait, les régions les plus frappées par l'alcoolisme ne sont pas Bordeaux ou la Bourgogne, celles où l'on produit, mais celles où la pauvreté s'allie au désarroi.

Personne n'attendait d'Evin qu'il fît des miracles et résorbe la misère à lui seul. Mais qu'il dise au moins ce qu'a osé Villermé ou d'autres, bien avant lui... Cette dimension-là, fortement politique, ne figure jamais dans la loi qui porte son nom.

Les temps ont changé. Le batteur de pavé, enivré, qui dresse des barricades et terrorise le bourgeois, a disparu. Nous sommes passés de la peur sociale, peur de l'ouvrier en colère qui menace son « foyer », c'est-à-dire la société et les institutions, au mépris social. Changement d'époque. Le discours s'adapte. Il reste des pauvres, des « salauds de pauvres » comme dit Gabin dans *La Traversée de Paris*, qui ne possèdent même plus une « conscience de classe », l'appartenance à une même catégorie d'exploités, et ne menacent plus l'ordre établi mais à qui l'élite continue de dire la bonne voie…

Pour qui les « warning », ces avertissements sur les bouteilles ou en queue de messages publicitaires ?

Le logo d'interdiction pour les femmes enceintes, qui doit figurer sur chaque bouteille, vise quel public ?

Les dames qui accouchent à Port-Royal ou à la maternité de La Muette ? Que nenni, elles savent, elles ! Leur culture, leur milieu les mettent à l'abri d'un tel risque. Mieux, enceintes, elle ne se refuseront pas de temps à autre une flûte de champagne, un verre de grand bordeaux ou de sauternes… Celles qui sont visées, ce sont ces sordides d'en bas, qui risquent de s'alcooliser car forcément, elles ne sont pas renseignées.

Les femmes qui vont se soûler, se droguer, fumer plus d'un paquet de cigarettes par jour pendant leur grossesse, sont-elles concernées par ce message ? Vont-elles devenir sobres, abstinentes parce qu'elles auront vu cette image ? Est-ce d'un logo dont elles ont besoin ou d'un peu plus de lien social ? N'est-ce pas une insulte pour les autres, pour celles (et ceux aussi d'ailleurs) qui rêvent d'un enfant, le désirent profondément, l'attendent, préparent sa chambre, prennent mille précautions pour que le bébé arrive dans de bonnes conditions ?

Le mépris !

Où sont les filles des fondatrices du MLF, celles de ces militantes qui déposèrent en 1970 à l'Arc de triomphe une gerbe à la mémoire de « la femme du soldat inconnu » ? Qu'attendent-elles pour dire à ces machos mous ce qu'elles pensent de leur dédaigneuse recommandation ?

Et le « consommer avec modération », à qui parle-t-il ? Au jeune en quête de rupture et qui par ce fait même adopte une conduite à risques ? Est-il quelqu'un d'assez naïf, stupide ou escroc pour penser que cette petite phrase dans ce petit français, dans ce langage de sociologue de gondole, va inciter l'ado en colère à renoncer :

« Mon père est un gros con qui ne pense qu'au fric et pour se payer une Audi à la fin de l'année, il accepte son boulot de merde, avec un patron de merde, dans une boîte de merde et nous gave tous les soirs avec ses histoires de merde dont on a rien à foutre. Je vais me déchirer en solo avec cette vodka… (Note pour les lecteurs : dans le rayon du supermarché où ce jeune homme s'est rendu afin d'acquérir une bouteille d'alcool, ne figurait aucun cru bourgeois du Médoc, sinon évidemment qu'il se serait précipité…)

« Ah, mais crotte de bique ! s'écrie le jeune homme en colère, sur l'étiquette, y a marqué "à consommer avec modération" ! Quel grand malheur ! C'est pas possible ! Je ne peux pas l'acheter cela nuirait à ma santé. Tant pis, je rentre chez moi et je vais regarder en cachette les aventures de Bambi sur mon PC… »

Modération, je n'ai guère d'amitié pour ce mot. Ça renifle le faux derche et l'indécision.

La modération, en France, invite la mémoire à se souvenir de nos livres scolaires, époque « contemporaine », et de la place qu'y tenait le parti des modérés. Cette mouvance née en rupture du radicalisme républicain se distinguait au départ par son refus de l'anticléricalisme pur et dur.

Des bons bourgeois, partisans de la laïcité mais pas trop, d'une séparation de l'église et de l'état mais sans pour autant bouffer du curé. Puis, de centre gauche dirait-on aujourd'hui, ce courant a lentement dérivé vers le centre droit. De Gambetta, on est arrivé à Antoine Pinay. Petit chapeau, petit manteau, petites images en noir et blanc d'une ambition d'écureuil : comment bien se préparer à hiverner. Du mou, de l'opportunisme, du convenable, du gris, du non-dit, du plus je pédale moins fort moins j'avance plus vite, du subi, du caché...

Modération signifie négation du plaisir. Peut-on imaginer faire l'amour avec un ou une partenaire qui au moment de passer à l'acte préciserait : « Oui mais avec modération ! »

Le sommet de la modération a été atteint quand dans la Constitution, nous avons inscrit le « principe de précaution ». Graver dans le marbre institutionnel la peur du moindre risque, la trouille d'aller de l'avant, le refus de l'action me paraît grandement révélateur de l'évolution de notre société. Une lente dérive vers le désengagement et la stratégie du parapluie ouvert, du refus pour le politique de prendre position, d'avoir des vraies convictions et de les défendre.

A chaque fois qu'une nouvelle disposition concernant la circulation automobile est prise, qui invite-t-on dans les médias ? La présidente de la Ligue contre la violence routière. Chantal Perrichon a créé ce mouvement à la suite d'un drame personnel et elle a parfaitement le droit de vouloir réduire a minima la vitesse ou même de détester, si c'est le cas, les automobiles et ceux qui les conduisent.

Mais cette ligue a adopté comme devise : « objectif : zéro accident ». A moins que les automobiles ne deviennent des auto-immobiles, il y aura toujours des accidents et des morts. On peut en diminuer le nombre, mais pas les supprimer.

Qu'une association milite en faveur d'une réduction des risques, qu'elle ait choisi comme but de les éliminer tous, c'est son droit ! Chantal Perrichon joue son rôle en agitant le drapeau rouge. Mais l'absence du politique disant le choix, la loi et non le sens du vent électoral soufflant un moment dans le sens des associations d'automobilistes, un temps dans celui des « sécuritaires » pur jus, me semble choquant.

Il n'y a pas à substituer « le goût du risque » comme on disait autrefois à je ne sais quelle conduite tempérée. Vivre tout court ce n'est pas la fureur de vivre façon James Dean, c'est être informé et prendre ses responsabilités, accepter que cela comporte une part de danger.

J'oppose la modération à la raison et à l'action. Je préfère celui qui agit parce qu'il a choisi, mesuré, décidé à celui qui subit, qui se restreint par peur de la sanction, celle du gendarme ou en l'occurrence du médecin qui dépasse son rôle.

Boire avec modération, c'est petit et pétochard ; boire avec raison (et non pas sans raison), c'est boire avec sa tête.

Savoir boire, c'est : « Etre capable d'apprécier les boissons, alcoolisées et sans alcool, et d'en maîtriser les risques, individuellement et collectivement », selon l'alcoologue Guy Caro.

Apprendre le plaisir, apprécier et maîtriser relève de l'éducation et demande donc du temps. Il est nettement plus facile et visible d'interdire et de réprimer. Montrer du doigt, brandir le martinet, voilà qui pose un homme dans les journaux de 20 heures. La gifle donnée par Bayrou à un gamin qui tentait de lui faire les poches a beaucoup plus contribué à sa notoriété que son programme économique.

Puis, l'interdiction évite les questions. Pendant que l'on envisage la construction d'un mur virtuel chargé de faire barrage au vigneron « dealer » qui souhaiterait montrer sa cave sur son site Internet, on planque les questions de fond au grenier…

Claude Evin, lors de ses rares apparitions pour soutenir sa loi, poussait même le bouchon (si l'on peut dire !) jusqu'à prétendre qu'interdire la publicité pour le vin protégeait les petits producteurs français des grands groupes « alcooliers » qui forcément, grâce à leurs moyens financiers, allaient contraindre les Français à ne plus consommer que des alcools issus du marketing.

Quelle confiance dans le peuple, dans l'intelligence nationale de la part d'un élu ! En plus, c'est l'inverse qui s'est produit : les grands groupes ayant justement les moyens de s'offrir juristes et publicitaires capables de contourner la loi…

Chapitre 7

« J'avoue que j'ai vécu ! »

« De tout ce que j'ai laissé écrit dans ces pages se détacheront toujours – comme des forêts à l'automne et comme à l'époque des vendanges – les feuilles jaunes qui vont mourir et le raisin qui revivra dans le vin sacré. »

Pablo NERUDA

« Tout ce qui a des ailes est hors d'atteinte des lois. »

Joseph JOUBERT

Et pourtant elle tourne, a-t-on envie d'ajouter. Et pourtant, depuis six mille ans que le vin existe, des millions d'hommes et de femmes ont fait avec lui un bout de chemin à la découverte du plaisir, de la création, de l'empathie et du bonheur de vivre. D'autres en ont abusé, comme ils abusent de l'envie de ne plus vivre.

Est-ce l'alcool qui fabrique l'alcoolique ou le mal de vivre, le vide, le manque que l'on ne sait pas combler par autre chose ? Est-ce la publicité honnie par Claude Got qui crée le désir de boire jusqu'à l'addiction ?

Il faut être enivré d'idéologie pour le penser.

Sinon comment expliquer l'alcoolisme aux Etats-Unis ou en Suède (évoqués plus avant) au XIXe siècle, bien avant que la télévision ne devienne un support à « arme de destruction massive » ?

Est-ce que l'alcoolisme peut être éradiqué ? Je ne le crois pas. Au même titre que les autres addictions, il est une scorie de nos sociétés. Même dans les pays où ceux qui boivent risquent la peine de mort sans jugement, il existe des alcooliques et des drogués. Parfois, d'autres addictions prennent la place, l'hystérie religieuse peut s'y substituer.

Ou les antidépresseurs, dont la consommation grimpe au fur et à mesure que celle du vin diminue ; avec 65 millions de boîtes vendues en 2010, la France a établi un record du monde !

Est-ce que l'on doit combattre l'alcoolisme, le faire reculer, le considérer comme un fléau ? Certainement, et je pourrais sans aucun doute être membre de l'ANPAA et d'autres avec moi, si certains de ses adhérents tenaient un autre discours que celui de l'exclusion, de l'interdit, du dogmatisme et parfois de la malhonnêteté, au minimum intellectuelle.

De toute façon, je ne les intéresse pas. Détenteurs du savoir, ils n'ont que mépris pour ceux qui émettent une opinion différente de la leur. Même quand celui qui ose les contredire fait également partie du corps médical. Il n'est qu'à lire plus haut le commentaire suffisant de Batel sur le Baclofène !

Pire encore, la façon dont une partie de la communauté des médecins spécialisés en alcoologie a jugé les travaux du professeur Serge Renaud, ancien directeur de recherche à l'INSERM et inventeur du *French paradox*. Pourtant, l'effet bénéfique du vin rouge et du fameux régime crétois à base d'huile d'olive, a été confirmé depuis par bien d'autres études internationales. Il n'empêche, le prophète, célébré aux Etats-Unis où il figure le départ d'une nouvelle consommation du vin (pas seulement rouge), ne le fut pas dans son pays.

Je me souviens d'un déjeuner avec lui et le docteur Dominique Lanzmann, fidèle amie et collaboratrice, au cours duquel il m'avait conté toutes les embûches et mauvais procès dont on l'avait accablé. Certains n'hésitant pas à le déclarer disqualifié car bordelais d'origine et petit-fils de vigneron.

Serge Renaud est décédé à l'âge de 85 ans dans les derniers jours d'octobre 2012 et je n'ai pas entendu de la part des responsables de l'Etat l'hommage qu'il aurait mérité. Ne serait-ce, je le sais c'est trivial, que pour le service rendu à notre commerce extérieur.

La peur toujours, que les terroristes antivins ne jugent un tel hommage scandaleux, favorable au « lobby alcoolier », susceptible de drainer vers l'addiction et la mort quelques milliers de nos concitoyens « vulnérables » et « moutonniers » !

Quand, visitant une terre lointaine et potentiellement cliente de notre savoir-faire, un président de la République emmènera-t-il un vigneron dans son avion présidentiel ? Difficile, d'être numéro deux du commerce extérieur de son pays et de n'y être jamais soutenu par les plus hautes autorités !

Même traitement, mépris et dénonciation, pour toute solution autre que l'interdit et la culpabilisation.

Nous avons été nombreux à inciter les pouvoirs publics à jeter un œil du côté du Québec où le programme Educ'alcool, mis en place grâce à une redevance prélevée sur la vente des alcools, a transformé les mentalités. Son créateur Hubert Sacy expliquait dans *Le Point* : « Le gros du travail que nous avons accompli jusqu'ici avec Educ'alcool, c'est la conscientisation. Grâce à nos programmes de sensibilisation, à nos campagnes de publicité par exemple sur la violence liée à l'alcool ou sur comment parler d'alcool à ses enfants, nous faisons la promotion de la culture du goût au détriment de celui de l'ivresse. » Si aujourd'hui, le Québec se distingue comme la province du Canada où l'on compte le plus fort pourcentage de consommateurs d'alcool chez les 15 ans et plus, c'est également celle où l'on compte le moins d'alcooliques... Un résultat en totale contradiction avec la « loi » de Ledermann et les sentences de Philippe Batel : « Il n'y a pas une population au monde capable d'avoir uniquement des consommateurs modérés, sans la contrepartie dramatique des consommateurs excessifs. »

Là-bas, dans la « Belle province », c'est l'inverse qui se produit. Leur vécu ne correspond pas au système mathématique défini par Ledermann et ses successeurs, donc cela ne peut servir d'exemple à nos idéologues et de modèle à la France. Un CQFD lamentable...

Il existe en France une association « presque » comparable à Educ'alcool. Financée grâce aux cotisations des producteurs, « Vin et société » prône la modération et un autre regard sur le vin. C'est ce que l'ANPAA, qui dispose d'un budget à peu près 70 fois supérieur, appelle le « lobby du vin ». Malgré ses prises de position et ses campagnes en faveur d'une « consommation modérée et responsable », Vin et société peine à être reçu dans les ministères tandis les dirigeants de l'ANPAA refusent de s'asseoir à la même table et militent en faveur de son exclusion des diverses commissions ou consultations concernant l'alcool et la santé ou la sécurité routière.

La loi Evin est un échec patent en matière de lutte contre l'alcoolisme et du tabagisme, mais l'essentiel pour ses zélateurs semble être de sauver la face, de maintenir un discours hautain, de ne jamais reconnaître leurs erreurs, de conserver leur pouvoir et leur influence.

L'alcoolisme n'a pas diminué depuis son adoption et chez certains jeunes, il a pris une forme violente et systématique favorisée par les interdits.

La culpabilisation des consommateurs de vin, la dénonciation des habitudes de transmission dans les familles – je te fais goûter l'exceptionnel, je t'apprends à apprécier – ont coupé court à l'initiation des jeunes par les adultes. Le clan des experts médicaux a incité les parents à bannir le vin de la table.

Ainsi caricaturé en molécule alcoolique, le vin est interdit dans l'enceinte universitaire. Les clubs œnologiques des grandes écoles doivent se réunir à l'extérieur, même si parfois, comme c'est le cas à Lille où l'une d'elles fut récemment lauréate d'un concours international de connaissance et dégustation du vin, le président de l'école participe aux séances… Résultat : l'alcool en général est devenu pour les ados une forme possible de transgression de l'autorité au même titre que la « fumette ».

Cette loi, pour reprendre le vocabulaire de Got, c'est une malfaçon. Mais évidemment pour son auteur, la faute en incombe aux « malfaisants » du monde viticole et de leurs représentants. « Vous ne semez là que des ronces ; elles porteront des épines » annonçait Joubert

La loi Evin est un échec car elle n'est que répressive et ne délivre aucun message d'empathie, de prise en charge, de main tendue. Précisément sur ce thème-là, à propos du tabagisme, la Cour des comptes en 2012 dresse un réquisitoire sévère. En soulignant les résultats positifs de l'Angleterre où l'on a réduit de 10 points le niveau de consommation du tabac en dix ans, passant de 30 % à 20 % de fumeurs dans la population, la Cour rappelle que chez notre voisin on a mené une politique « alliant pédagogie, aide concrète et personnalisée, un contrôle très strict et systématique de l'application de la réglementation ».

La loi Evin est un échec car elle n'a pas été pensée avec l'ensemble des acteurs du secteur. Ses auteurs ont vécu et vivent toujours le monde vitcole en ennemi dont la seule forme de survie constitue à pousser les consommateurs vers l'abus.

En juillet 2004, à la demande du Premier ministre, un groupe de parlementaires, inquiets de la « chute de la consommmation du vin et du développement d'une consommation d'alcools forts » chez les jeunes, rend public un livre blanc, rapport sur le rôle et la place du vin dans la société. Qu'en dit Claude Got ? : « Il s'agit d'un texte de propagande sélectionnant les données favorables, excluant les arguments s'opposant à cette promotion (du vin). » Selon lui, les « organisateurs de cette opération » ont soigneusement sélectionné les personnes auditionnées « en excluant les épidémiologistes les plus compétents ».

William Dab, directeur général de la Santé, a dû apprécier, tout comme le professeur Henri Joyeux, cancérologue réputé, ou mieux encore le docteur Alain Rigaud, président de l'ANPAA, longuement cités dans ce rapport. Mais voilà, le document est nuancé, il ne confond pas consommation pour le plaisir et alcoolisation. Surtout, plus vexant pour les tenants de la prohibition, dans leurs conclusions, les auteurs tiennent à préciser que dans le domaine de la prévention il faut clairement séparer, d'une part « le partenariat constructif et la concertation naturelle des responsables qui ont participé à ce rapport et des personnalités auditionnées avec ceux qui militent pour une consommation modérée et dont les positions, les arguments et les objectifs sont partagés et, d'autre part, l'impossible dialogue avec les défenseurs dogmatiques d'une "alcoolémie zéro". Cette doctrine sans nuance des prohibitionnistes qui prônent l'interdit reste vraisemblablement minoritaire dans le monde scientifique et dans l'opinion publique... ».

La loi Evin est un échec car elle a été conçue, écrite et appliquée par des gens qui nient la réalité dans sa diversité et appliquent des schémas mathématiques sur des problèmes de société à forte dimension historique. Confondre le vin dans nos civilisations avec la molécule d'alcool, ne pas voir dans sa consommation sa dimension culturelle, verbaliser la transmission, traiter en coupables ceux qui essaient d'informer (notamment les jeunes), les comparer à des dealers de drogue, voilà au moins trois causes sérieuses de cet échec. Le reste, la négation de l'effet bénéfique sur la santé ou simplement la convivialité, la parole, le partage que la consommation du vin implique, découle de cette vision sectaire.

La loi Evin est un échec car elle ne s'est pas faite avec mais contre.

Cette prise à « rebrousse-poil » du problème semble une constante du dossier alcool, jeunes et routes.

Frédéric Péchenard, ex-grand patron de la police renvoyé comme dans les polars à la circulation ou presque, puisque, changement de majorité oblige, le voilà devenu délégué interministériel à la Sécurité routière, se dit favorable au zéro gramme d'alcool au volant pour les 18 à 24 ans.

Comment un responsable policier comme lui peut-il imaginer qu'une telle mesure a du sens auprès des jeunes ? Ils ne sont plus en classe primaire, Frédéric, ces garçons et filles qui font la fête le samedi soir. Braver les interdits, c'est presque la définition d'un jeune entre 18 et 24 ans, l'âge où l'on s'affirme, où l'on se débarrasse des « fais pas ci, fais pas ça »…

Nul besoin de la statistique pour savoir que les jeunes chauffards qui perdent le contrôle de leur voiture à 4 heures du matin ont une alcoolémie bien supérieure à 0,5 g, souvent même au-delà de 1,5 g, et que rabaisser l'interdit de 0,5 à 0 ou 0,2 ne changera rien…

C'est à peu près aussi stupide que de vouloir leur interdire un accès Internet en demandant juste l'âge et le pays d'origine. Peut-être connaissez-vous, Frédéric, ce sketch où Gad Elmaleh explique que pour faire barrage au terrorisme dans le cadre de Vigipirate, la SNCF avait interdit l'accès à l'espace bagages dans les voitures avec du Scotch… Il concluait de mémoire par cet avertissement : « Et si vous recommencez, la prochaine fois, on mettra du double face ! »

Reste l'éducation, la formation, la sensibilisation… Mais cela n'est guère la tasse de thé de ce grand flic qui n'est pas là « pour faire du social » et jouer au foot avec les jeunes du quartier, comme le déclarait naguère un de ses amis, ministre de l'Intérieur et futur président de la République !

De retour des Etats-Unis, alors plongés dans la prohibition, l'historien Paul Hazard, professeur au Collège de France, écrit dans *L'Illustration* du 3 janvier 1931 : « Faut-il croire qu'on s'est trompé, qu'avec les meilleures intentions du monde on a abouti à des résultats inverses de ceux qu'on attendait ? Il y a donc, expériences faites, des commandements qu'on ne peut imposer quand le consentement intime, quand l'adhésion intérieure font défaut. La loi et la force qui est à son service sont impuissantes à agir du dehors. Une contrainte même estimée bienfaisante aboutit, en tant que contrainte, d'abord à l'hypocrisie, ensuite à la corruption. »

Que Got, Batel et consorts me pardonnent, j'ai souvent emmené avec moi des jeunes en dégustation. Je leur ai appris à sentir, à déguster, à cracher afin de toujours rester maîtres de leur jugement. Avec les vignerons, nous leur avons montré les fûts, la terre, les ceps, le travail que cela implique pour aboutir au verre de vin, les années passées à attendre que la vigne soit forte, la taille l'hiver quand il gèle, la valeur d'une vieille bouteille qui a traversé les époques et qui vous projette au temps des Dauphine, de De Gaulle ou du Front populaire. Les vignerons d'aujourd'hui ne sont plus ceux qui « s'essuyaient, machinal, d'un revers de manche les lèvres ».

Les nouvelles générations ont fréquenté l'université, visité les pays lointains, vendangé en Californie, vinifié à Melbourne et continuent d'échanger avec leur copain d'Uruguay…

Les anciens apprenaient à leurs enfants le respect de la terre et du vin ; les nouveaux aussi mais ils sont plus techniques, plus mobiles, sans doute plus pédagos, accessibles immédiatement pour échanger. Ils adorent raconter les multiples facettes de leur métier et se montrent très ouverts quand arrive un non-initié…

Aucun de ces « débutants amateurs de vins » que j'ai promenés dans ces lieux de perdition n'a eu depuis recours à la médecine spécialisée en alcoologie. Bien au contraire, j'ai eu le sentiment qu'après ces parcours « initiatiques », se soûler, se mettre minable avec des mauvais alcools, revenait à se salir.

« Il n'y a pas de grandeur dans le vomi, il n'y a pas de grandeur dans le coma ! » dit le docteur Lowenstein, qui plaide comme moi en faveur de « l'engagement responsable ».

Certains de mes jeunes élèves ont même « mal tourné » en faisant du vin leur métier. Je pense à Raphaël, brillant lauréat d'une grande école de commerce devenu sommelier dans un des plus prestigieux restaurant d'Australie… Quand il n'est pas en salle, il donne un coup de main à sa jeune épouse qui s'est lancée dans la fabrication de macarons.

Pour Kang, le vin a servi de fil conducteur à son intégration. Travailleur clandestin protégé par un patron solitaire et grand amoureux de la Bourgogne, il est devenu l'homme de la cave de ce restaurant célèbre à Paris. Désormais en règle avec la loi, il va pouvoir enfin réaliser son rêve : m'accompagner dans le vignoble. A la vitesse à laquelle il apprend, dans quelques années, c'est lui qui me guidera…

Des jeunes, dont les parents n'avaient rien à voir avec le monde viticole, sinon parfois d'aimer le bon vin et de savoir transmettre ce plaisir de la consommation respectueuse et raisonnée, qui passent des BTS (brevet de technicien supérieur) ou des DNO (Diplôme national d'œnologue), qui parfois deviennent ingénieurs agro pour se rapprocher de la vigne, j'en rencontre des dizaines. Le vin est un milieu ouvert, accueillant, pacifique mais qui se défend mal des attaques portées contre lui. C'est un monde d'artisans, de PME, d'artistes, de copains individualistes qui peinent à se fédérer et à agir de concert. Des gens qui travaillent beaucoup, qui ont plusieurs métiers, paysans, élaborateurs, marketeurs, commerçants, et qui laissent souvent aux autres le soin de les représenter. Ils ne se sont pas battus contre la loi Evin. On ne leur a pas davantage demandé leur avis. On les a déconsidérés ou du moins pas considérés.

Pour les auteurs de cette loi, les vignerons ne sont pas admirables, ce sont des contrevenants, des chauffards, des fournisseurs de « drogue licite ». Personne, du côté des pouvoirs publics, n'a voulu voir en eux précisément des acteurs possibles de la lutte contre l'alcoolisme. Par leur savoir du plaisir et des dangers, par leur influence sur la clientèle, par leur capacité à éduquer leurs enfants et ceux des autres, par leur aptitude à mesurer le temps, à construire, à anticiper, ils sont les plus à même de s'adresser aux jeunes et d'être entendus.

L'oukase et la censure n'ont jamais fait montre de pédagogie.

Je crois davantage aux vertus de l'apprentissage et de la transmission à l'instar de praticiens comme Gérard Ostermann, médecin alcoologue, professeur de thérapeutique, spécialiste des conduites alimentaires : « Transmettre c'est parler de soi, de son expérience, sans tenter une emprise. Il me semble qu'il y a moins d'alcooliques dans le monde du vin parce que les acteurs recherchent peut-être la qualité, pas la quantité, mais aussi et surtout parce qu'il y a transmission. On se nourrit de symboles, que ce soit la nourriture ou le vin. Du moment où je peux comprendre comment le vin est fait, d'où il vient, comment il se goûte, je ne le vois plus de la même façon. Ce n'est plus un objet inanimé. Goûter, *sapere* en latin, c'est la sagesse. Goûter, sentir, associer, ce sont des rituels de passage qui peuvent peut-être devenir une des meilleures préventions. Aujourd'hui, si l'on stigmatise, si l'on ne fait que sanctionner, alors on ne prévient pas. »

Pourquoi cette sage disposition, ce rappel tellement évident ne fait-il pas école auprès de la communauté médicale ? Pourquoi les médecins se sont-ils laissé voler la parole par les dogmatiques ?

Peu de temps avant Noël 2012, Philippe Batel « argumentait » une nouvelle fois contre ce message de transmission. Sur France 5, il nous expliquait sans rire que la prévention par l'éducation du goût était dangereuse car souvent le premier pas vers l'alcoolisation se faisait lors des fêtes familiales, mariages ou communions, le doigt trempé dans le verre ou la goutte de vin que l'on fait déguster aux petits ! Tous ceux qui, enfants, ont connu l'eau rougie, le fond de monbazillac ou de champagne, la cerise à l'eau-de-vie ou pire le « canard », morceau de sucre trempé dans la vieille prune, et qui par la suite ont sombré dans l'alcoolisme, possèdent désormais une bonne raison de haïr leurs parents !

Mais la transmission, docteur Batel, n'est guère assimilable aux intempérances survenues après la danse du tapis ou la distribution des dragées. Cela relève davantage de l'expérience partagée, de l'information, de l'éducation du goût... Sans même parler de boisson, il me semble indispensable d'apprendre les saveurs : distinguer les aliments complexes, raffinés de ceux qui se contentent de flatter par le gras ou le sucre, comparer les arômes, la persistance, découvrir la puissance du sens olfactif et sa capacité à nous transporter ailleurs et dans le temps. Montrer à un enfant la différence entre une boisson à l'orange et un vrai jus pressé à l'instant n'est jamais du temps perdu. Cela ne veut pas dire qu'il faut après lui interdire le soda, juste montrer... Connaître aussi la valeur des choses, d'une grande bouteille, son prix pourquoi pas, justifié par sa rareté, sa capacité à vieillir, expliquer comment la déboucher, carafer, préparer le vin pour qu'il soit à température optimale, en un mot le respecter... Est-ce là inciter à la défonce du samedi soir, ou en famille envisager l'avenir, prémunir par l'intelligence ? Notre société ne parviendra jamais au « zéro accident ». Elle n'évitera pas non plus les catastrophes naturelles même si l'homme devenait par miracle l'ami de la nature.

Je revendique pour lui le droit à l'erreur, à la conduite abusive, au dépassement de soi inconsidéré.

« J'avoue que j'ai vécu » disait Pablo Neruda. J'aimerais qu'on puisse le dire de chacun après sa mort, que cela devienne une sorte de devise pour l'humanité. Avouer que l'on a vécu, c'est dire nos chances, nos faiblesses, nos malheurs et notre tentative de bonheur. C'est dire si on a joui et souffert, c'est accepter le monde imparfait et reconnaître que dans un monde parfait on s'emmerderait sans curiosité et sans désir. J'aime cette proclamation d'un autre médecin, Michel Reynaud, psychiatre et spécialiste des addictions à l'hôpital Paul Brousse de Villejuif : « Un être humain n'est pas fait pour être que raisonnable, il a le droit à la folie et à l'ivresse, mais jusqu'où le laisser prendre des risques et du plaisir. » C'est là le sublime équilibre de la vie, celui qui échappe à tout calcul et prospective.

Mais on n'en prend pas le chemin. Ce que propose le parti hygiéniste représenté par les activistes de l'ANPAA et qui semble jusqu'à présent avoir l'assentiment des pouvoirs publics – taxation supplémentaire, diabolisation, verrou sur l'éducation du goût, mise en avant des risques, minoration des bienfaits etc. – nous mènera sans doute à une baisse supplémentaire de la consommation en France. Le vin demeurera un produit d'exportation intéressant pour notre commerce extérieur.

A l'intérieur, il va tendre de plus en plus à devenir un produit de luxe réservé aux élites, aux familles qui possèderont les moyens déjà de l'acheter, de le conserver et de le consommer, d'en faire un patrimoine et de transmettre bouteilles et connaissances. Pour les autres, il restera les alcools industriels et bon marché avec, à la clef, des problèmes d'alcoolisation et d'alcoolisme de plus en plus récurrents. Les mêmes hygiénistes qui dénoncent le monde viticole s'inquiètent du développement du « binge drinking » chez les jeunes mais n'en voient pas ou ne veulent pas en voir les causes. C'est normal puisque ces nouveaux comportements dangereux découlent en grande partie de ce que leur idéologie a dicté au législateur. Il serait peut-être temps pour ce dernier de s'ouvrir à une politique moins spectaculaire que celle de l'interdit, un peu plus en adéquation avec notre histoire et surtout plus efficace.

J'ai cité l'exemple du Québec, de son programme Educ'alcool et des résultats obtenus. Rien de « laxiste » dans son discours. Hubert Sacy, son fondateur, s'insurge sur l'insuffisance des contrôles d'alcoolémie par la police routière. Régulièrement, l'association commande des sondages pour suivre l'évolution des rapports entre alcool et population et modifie ses campagnes et ses thèmes en fonction de l'analyse des résultats. Cela ne l'empêche pas de saluer la venue de « Bordeaux fête le vin », grande manifestation dédiée au vin initiée par Alain Juppé et qui se déroule tous les deux ans, envahissant dans la bonne humeur et la retenue les quais de la Garonne. Près de 400 000 visiteurs s'y sont rendus en 2012. Québec et Bordeaux sont jumelées depuis 50 ans et pour fêter cet anniversaire l'idée est venue de faire traverser l'Atantique aux producteurs et à leurs flacons. L'irruption de centaines de crus d'Aquitaine (20 000 bouteilles) en septembre

2012 sur les rives du Saint-Laurent fut l'occasion d'une immense démonstration joyeuse chez nos cousins francophones (à laquelle participèrent nombre d'anglophones…). Pas de débordements, pas de « viandes soûles », pas de sirènes d'ambulance ni de crise de delirium ; juste des gens responsables, à l'écoute des vignerons venus leur raconter savoir-faire, cépages et terroirs.

Québec réclame désormais « une deuxième tournée », mais il faudra choisir car nos voisins belges, grands amateurs de nos vins, veulent aussi accueillir à Bruxelles la fête bordelaise. Sans compter sur la Chine, elle aussi candidate !

Pendant ce temps-là, à Paris, nos experts mijotent de nouvelles étiquettes « warning » à coller sur les bouteilles pour nous mettre en garde contre les méfaits de nos AOC ! Chez eux, les Québécois n'y sont guère favorables parce « qu'elles ne font que dramatiser à outrance le problème, ce qui peut conduire les consommateurs à invalider l'information qui ne correspond ni à leur expérience, ni à leur vécu ». Aussi parce que cela dispense les autorités d'investir dans des mesures efficaces comme l'éducation.

Ils préfèrent s'appuyer sur cette « maudite » publicité, réaliser des spots amusants, éditer 500 000 cartes postales avec des contrepèteries ridiculisant ceux qui boivent trop, animer, répondre aux questions…

Il semble que cela fonctionne mieux que les sermons de nos sinistres pères la rigueur.

Hubert Sacy, le président d'Educ'alcool ne nous comprend pas.

Lui, pense que notre richesse viticole, la multiplicité de nos appellations constituent un formidable outil culturel qui permet d'élever les mentalités, d'ouvrir des débats, d'éclairer les jeunes et de les éloigner des conduites à risque ou addictives.

Il doit avoir tort comme tous ces millions de consommateurs de par le monde qui nous envient et se demandent pourquoi à Paris, capitale du royaume du vin, aucun grand musée ne lui soit dédié. Ou comme Madame Yue-Sai Kan, vedette de la télévision chinoise que j'avais rencontrée à l'été 2011 et qui ne m'a pas vraiment cru quand je lui ai dit qu'il lui était impossible de visionner « une des émissions hebdomadaires françaises sur le vin » car cela n'existait pas…

On peut rêver, un instant, il semble que ce ne soit pas encore défendu.

Imaginons les Champs-Elysées, de la Concorde à l'Arc de triomphe, envahis par des miliers de stands en provenance de toutes les régions viticoles de France, des centaines de produits régionaux à goûter, des écrans pas trop géants pour expliquer le cycle de travail annuel du vigneron.

En bas, vers la Concorde, une vigne plantée pour l'occasion avec des viticulteurs qui montreraient à tailler, une autre (c'est en septembre et il fait beau) prête à être vendanger. On coupe, on presse, on fait goûter. Partout des seaux ou des tonneaux pour cracher et des gens qui y incitent, des sommeliers qui apprennent aux autres à déguster : avec le nez et la bouche, pas avec l'estomac. Des débats avec des historiens, des psychologues, des médecins qui cesseraient de faire peur mais indiqueraient qu'une consommation régulière et modérée (je suis prêt pour l'occasion à faire un effort d'amitié avec ce mot !) est bien meilleure que l'excès de temps à autre.

Boris Cyrulnik serait là, David Khayat aussi, Bernard Pivot ne manquerait pas l'occase pour toutes les virgules du monde et même Philippe Batel serait de la partie, souriant, un peu détendu après avoir dégusté un vin jaune du Jura avec un vieux comté. Pierre Arditi et Evelyne Bouix participeraient à une table ronde sur le thème « Je suis de gauche et j'aime le Margaux ! » face à un Luchini, encore plus enchanté que de coutume, qui réciterait *Le Renard et le raisin*.

Jean-Louis Debré, après la cérémonie d'ouverture en présence du président de la République, s'amuserait à débattre autour de la proposition de Kermit Lynch, le meilleur caviste américain : « J'aimerais que le vin constitue une forme d'expression protégée par la Constitution afin de la préserver des groupes de pression, des hommes politiques, des moralisateurs hystériques, des ennemis de la joie. » Emmanuel Krivine donnerait un concert : l'ouverture de la Flûte enchantée au pavillon Champagne. Tous les grands musiciens classiques aiment le vin.

Aubert de Vilaine n'aurait pas apporté de sa Romanée-Conti ; la production est trop infime.

Mais il raconterait les « climats » de Bourgogne classés au patrimoine mondial de l'Unesco (c'est pour bientôt) aux côtés de Frédéric Rouzaud, magnum de son Roederer en main, lui aussi fêtant l'inscription à l'Unesco des caves, coteaux et maisons de Champagne… Comme au temps des grandes expositions internationales, ceux de la Loire aurait reconstitué une cave en tuffau composée d'immenses blocs de calcaire blanc où l'on pourrait goûter des vieux vouvrays et montlouis, des chinons de coteaux, des bourgueils de vingt ans… Le Rhône, la Savoie, le Beaujolais et ses dix crus, la palette incroyable du Sud-Ouest de Bergerac à Jurançon en passant par les « petits » du Quercy et de Saint-Sardos tant attachés à leur culture, la Provence et ses centaines de nuances de couleur pour le rosé, l'Alsace qui présenterait, alignés comme au défilé, toutes les variations du riesling suivant les sols et les grands crus…

Oui, je rêve, mais je ne suis pas le seul.

Imaginez l'éclat, le rayonnement et pas seulement pour nos grands hôtels, nos restaurants et nos magasins de luxe, mais sur l'image générale de la France qui demeure mais s'estompe, se ternit à force qu'on oublie de la faire briller.

Puis, ça aurait tout de même une autre gueule qu'un défilé de costumes gris en charge de promouvoir le nucléaire civile à la française !

Une telle manifestation attirerait le monde entier à Paris, car c'est là qu'elle devrait avoir lieu, à Paris, pour bien réaffirmer son rôle de capitale de l'art de vivre et pas de l'art du non vivre, de l'inaction et de l'humiliation.

Chiche !

TABLE

Cet ouvrage a été imprimé
par l'imprimerie Floch
pour le compte des Éditions Grasset
en avril 2013

Composé par PCA à Rezé

Dépôt légal : mai 2013
N° d'édition : 17718 – N° d'impression :
Imprimé en France